国家中等职业教育改革发展
示范学校建设成果

财务会计

CAI WU KUAI JI

刘晓　侯筑梅　主编

经济管理出版社
ECONOMY & MANAGEMENT PUBLISHING HOUSE

图书在版编目（CIP）数据

财务会计 / 刘晓，侯筑梅主编. —北京：经济管理出版社，2015.2
ISBN 978-7-5096-3510-0

Ⅰ. ①财… Ⅱ. ①刘… ②侯… Ⅲ. ①财务会计 Ⅳ. ①F234.4

中国版本图书馆 CIP 数据核字（2014）第 276270 号

组稿编辑：魏晨红
责任编辑：魏晨红
责任印制：黄章平
责任校对：张　青

出版发行：经济管理出版社
（北京市海淀区北蜂窝 8 号中雅大厦 11 层　100038）
网　　址：www.E-mp.com.cn
电　　话：(010) 51915602
印　　刷：北京地大彩色印刷有限责任公司
经　　销：新华书店
开　　本：787mm×1092mm/16
印　　张：14
字　　数：290 千字
版　　次：2015 年 2 月第 1 版　2015 年 2 月第 1 次印刷
书　　号：ISBN 978-7-5096-3510-0
定　　价：48.00 元

·版权所有　翻印必究·
凡购本社图书，如有印装错误，由本社读者服务部负责调换。
联系地址：北京阜外月坛北小街 2 号
电话：(010) 68022974　邮编：100836

编 委

主　审：周晓平　徐芳英
主　编：刘　晓　侯筑梅
副主编：邵梅媛　王德银
参　编：刘春梅　周德才　胡定堃

编者信息情况：

- 周晓平（贵州省财政学校校长、全国财经职业教育教学指导委员会委员、中国注册评估师、高级讲师）
- 徐芳英（贵州汇隆会计师事务所主任会计师、所长、高级讲师、中国注册会计师）
- 刘　晓（贵州省财政学校财会教研室教师）
- 侯筑梅（贵州省财政学校财会教研室教师）
- 邵梅媛（贵州省财政学校财会教研室教师）
- 王德银（贵州省财政学校财会教研室教师）
- 刘春梅（用友新道科技有限公司）
- 周德才（贵州家喻集团汽车服务有限公司）
- 胡定堃（贵州汇隆会计师事务所有限公司）

作者简介

刘晓，贵州省财政学校教师，会计师。从事会计教学工作10年，有丰富的会计从业资格证考试培训、贵州省农村财务培训经验。近年来，参与"基础会计"课程的教学改革，曾参编教材3部，参与课题3项。

侯筑梅，贵州省财政学校高级讲师，会计师，中国注册会计师，中国资产评估师。从事会计教学工作25年，教学经验丰富。曾主编、参编教材3部。

前 言

财务会计是中职会计专业的核心课程,是从事会计相关工作必须具备的专业知识,也是未来会计职业生涯继续发展的重要基础。由于本课程内容复杂、难度较大,且中职学生年纪较小,会计知识储备少,社会实践经验缺乏,理解能力不够,因此对本课程的学习效果一直不佳,导致虽然中职会计专业的学生人数多,却不能较好地满足市场需求。

为满足职业教育向服务社会转变,适应国家中等职业教育财经类相关专业教学改革的需要,并充分考虑中职会计专业学生毕业后的工作需要,即绝大部分就业于小微企业,因此本书以《小企业会计准则》和《小企业会计准则释义》为依据,并结合区域社会经济发展和学生实际情况编写而成。

本书在形式上根据相应内容设计了"小提示"、"小知识"、"知识辨析"、"想一想"等版块;内容上坚持"轻理论、重业务"的编写原则,共包括十个项目,每个项目有两部分,第一部分为项目理论基础,第二部分为项目业务实施。通过第一部分的学习使学生掌握理论基础知识,完成第二部分的学习后,能掌握小微企业基础业务的相关操作。

理论基础部分将晦涩的理论知识进行拆分,借助各种小版块,运用图表、括号等表达方式使理论基础知识浅显易懂,同时加入会计分录的汇总,起到查字典的作用。业务实施部分设业务和任务两个版块,从小微企业的工作需要出发,以学生为中心,以业务为导向,按照业务制定任务。同时,需要学生动手与任课教师共同按步骤完成任务实施过程,实现"学中做,做中学",教、学、做一体化。本书依据实际工作设计了各种原始凭证,按步骤完成任务,具有重要的实践意义,能成为学生未来工作中的指导手册,满足工作岗位的需要。

本书由贵州省财政学校周晓平、贵州汇隆会计师事务所徐芳英担任主审,贵州省财政学校刘晓、侯筑梅担任主编,并由主编负责拟定编写大纲,对全书进行总纂,贵州省财政学校邵梅媛、王德银担任副主编。本书的编写人员有贵州省财政学校刘晓(项目一、项目三),侯筑梅(项目二、项目五),邵梅媛(项目七、项目八、项目九、项目十),王德银(项目四、项目六)。另外,用友新道科技有限公司刘春梅、贵州家喻集团汽车服务有限公司周德才、贵州汇隆会计师事务所有限公司胡定堃参编并提出了指导意见。

在编写过程中,笔者参考了相关的法律法规制度、教材和著作,在此谨向这些文献

的作者表示诚挚的谢意!

  由于时间仓促,加上我们的经验和水平所限,书中难免有不足之处,敬请读者批评指正!

编 者

2014 年 12 月

目　录

项目一　货币资金 1
　　第一部分　货币资金理论基础 1
　　第二部分　货币资金业务实施 8

项目二　存货 19
　　第一部分　存货理论基础 19
　　第二部分　存货业务实施 34

项目三　非流动资产 51
　　第一部分　非流动资产理论基础 51
　　第二部分　非流动资产业务实施 73

项目四　负债 89
　　第一部分　负债理论基础 89
　　第二部分　负债业务实施 104

项目五　往来账款 115
　　第一部分　往来账款理论基础 115
　　第二部分　往来账款业务实施 124

项目六　所有者权益 131
　　第一部分　所有者权益理论基础 131
　　第二部分　所有者权益业务实施 138

项目七　收入 143
　　第一部分　收入理论基础 143

第二部分　收入业务实施 ··· 148

项目八　费用 ··· 159

　　第一部分　费用理论基础 ··· 159
　　第二部分　费用业务实施 ··· 168

项目九　利润及利润分配 ·· 173

　　第一部分　利润及利润分配理论基础 ··································· 173
　　第二部分　利润及利润分配业务实施 ··································· 183

项目十　财务会计报告 ·· 189

　　第一部分　财务会计报告理论基础 ····································· 189
　　第二部分　财务会计报告业务实施 ····································· 199

参考文献 ·· 214

项目一　货币资金

学习目标：
（1）熟悉货币资金的概念和内容。
（2）掌握"定额备用金制度"下小企业备用金管理。
（3）掌握小企业货币资金的基本业务操作和账务处理。
业务目标：
（1）会填制支票、现金缴款单、登记日记账、进行现金清查。
（2）会填制进账单、编制银行存款余额调节表。
（3）会进行银行汇票业务办理流程。
（4）能进行与货币资金相关的账务处理。

第一部分　货币资金理论基础

一、货币资金的概念和内容

货币资金是指在企业生产经营过程中处于货币形态的那部分资金，是唯一能直接转化为其他任何资产形态的流动性资产，企业可以立即投入流通，用以购买商品、劳务、偿还债务。在企业流动资产中，货币资金的流动性最强，每一个企业都必须持有一定数量的货币资金，以确保企业生产经营活动的正常进行。

货币资金包括以下三部分内容：

货币资金 $\begin{cases} 库存现金 \\ 银行存款 \\ 其他货币资金 \end{cases}$

小知识：实际工作中，由于货币资金的重要性，企业会根据《现金管理暂行条例》、《支付结算办法》等规定，制定符合本企业需要的货币资金内部控制制度，进行管理和监督。

二、库存现金

（一）库存现金的概念

库存现金是小企业日常开支、零星采购或小额差旅费等需用的现金。国家鼓励开户单位和个人在经济活动中，采取转账方式进行结算，减少使用现金。

（二）库存现金的使用范围

根据《现金管理暂行条例》的规定，企业可以在下列范围内使用现金：

(1) 职工工资、津贴。

(2) 个人劳务报酬。

(3) 根据国家规定颁发给个人的科学技术、文化艺术、体育等各种奖金。

(4) 各种劳保、福利费用以及国家规定的对个人的其他支出。

(5) 向个人收购农副产品和其他物资的价款。

(6) 出差人员必须随身携带的差旅费。

(7) 结算起点以下的零星支出。

(8) 中国人民银行确定需要支付现金的其他支出。

前款结算起点定为1000元，结算起点的调整，由中国人民银行确定，报国务院备案。

（三）库存现金的限额

库存现金限额，是指为保证小企业日常零星支付按规定允许留存现金的最高数额。

$\begin{cases} \text{一般企业：3~5 天所需} \\ \text{远离银行机构或交通不便的小企业：5~15 天所需} \end{cases}$

库存现金的限额，由开户银行根据开户小企业的实际需要和距离银行远近等情况核定。

（四）库存现金日常收支管理

(1) 开户单位现金收入应当于当日送存开户银行。当日送存确有困难的，由开户银行确定送存时间。

（2）开户单位支付现金，可以从本单位库存现金限额中支付或者从开户银行提取，不得从本单位的现金收入中直接支付，即坐支现金。

> **小知识**：因特殊情况需要坐支现金的，应当事先报经开户银行审查批准，由开户银行核定坐支范围和限额。坐支单位应当定期向开户银行报送坐支金额和使用情况。

（3）各单位应当建立健全现金账目，逐笔记载现金支付。账目应当日清月结，账款相符。

（4）不准以任何方式套取现金。

（5）不准互相借用现金。

（6）不准将单位的现金收入按个人储蓄方式存入银行。

（7）不准保留账外公款，私设"小金库"。

（五）小企业定额备用金管理制度

备用金是指为了满足小企业内部各部门和职工个人生产经营活动的需要，而暂付给有关部门和职工个人使用的备用现金。实际工作中有定额备用金制度和非定额备用金制度，小企业为了加强现金管理，一般建立定额备用金制度来加以控制。

1. 定额备用金的主要使用范围

$$\left\{\begin{array}{l}\text{日常开支}\\\text{零星采购}\\\text{小额差旅费}\end{array}\right.$$

2. 定额备用金使用流程

（1）小企业财会部门根据实际情况拨出一笔固定金额的现金，并规定使用范围。

（2）备用金由专人经管，经管人员必须妥善保存有关支付备用金的收据、发票等各种报销凭证，并设置备用金登记簿记录各种零星开支。

（3）经管人员按规定的间隔日期或在备用金不够周转时，凭有关凭证向会计部门报销，补足至备用金规定金额。

以上流程如图1-1所示。

（六）库存现金的清查

（1）现金清查的方法：实地盘点法（定期或不定期）。

（2）现金清查结果处理。编制"现金盘点报告表"，注明现金溢缺的金额，并由出纳人员、盘点人员签名盖章；查找原因，及时纠正处理，数额巨大，按法律程序追究有关责任。

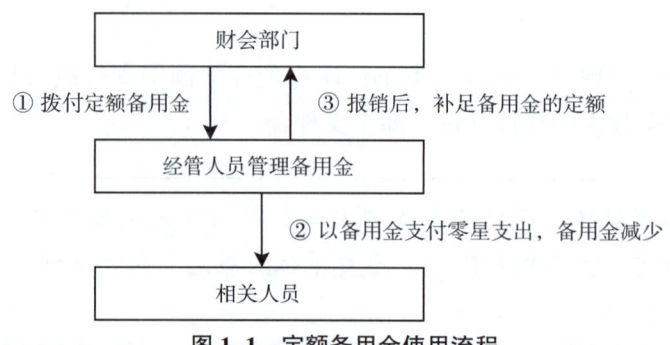

图 1-1 定额备用金使用流程

（七）库存现金的主要账务处理

1. 设置账户

设置"库存现金"账户。

2. 核算内容

该账户核算企业的库存现金。借方登记库存现金的增加数，贷方登记减少数，期末余额在借方，反映小企业持有的库存现金。

小企业涉及外币业务的，按币种设置明细核算。

3. 库存现金主要账务处理

◆ 小企业库存现金增加时：

借：库存现金

  贷：银行存款、其他应收款等

◆ 小企业库存现金减少时：

借：其他应收款、银行存款等

  贷：库存现金

三、银行存款

（一）银行存款账户的开设

小企业开设的银行账户主要有如表 1-1 所示四种：

表 1-1 小企业开设的银行账户

名称	主要用途	注意事项
基本存款账户	日常经营活动资金的收付，工资、奖金和现金的支取	在一家银行的一个营业机构开立一个基本账户
一般存款账户	借款转存、借款归还和其他结算	无数量限制，但不能办理现金的支取
专用存款账户	因特定用途开立的账户	专款专用
临时存款账户	企业临时机构、异地临时经营活动或注册验资等	有效期最长不得超过 2 年

(二) 银行支付结算方式

银行支付结算方式主要包括支票、银行汇票、银行本票、商业汇票、汇兑、委托收款、托收承付、信用卡、信用证等。如表1-2所示。

表1-2 银行支付结算方式

种类	结算方式	分类	使用地点	提示付款期限	付款方使用会计科目	收款方使用会计科目
票据结算	支票	现金支票、转账支票、普通支票	均可	出票日起10天	银行存款	库存现金 银行存款
	银行汇票	转账汇票、填明"现金"的银行汇票	异地	出票日起1个月	其他货币资金	银行存款
	商业汇票	银行承兑汇票 商业承兑汇票	均可	到期日起10天	应付票据	应收票据
	银行本票	定额、非定额	同一票据交换区域	出票日起2个月	其他货币资金	银行存款
非票据结算	汇兑	信汇、电汇	异地		银行存款	银行存款
	托收承付		异地		银行存款	应收账款
	委托收款		均可		银行存款	应收账款
	信用卡	金卡、普通卡、单位卡、个人卡	均可		其他货币资金	银行存款
	信用证	国际结算主要方式			其他货币资金	—

(三) 银行存款的清查

1. 银行存款的清查环节

为了及时准确掌握企业银行存款的变化,预防与发现银行存款账目的问题,企业应按期进行银行存款的清查。一般有如下的核对环节:

(1) 账证核对。银行存款日记账与银行存款收、付款凭证核对。

(2) 账账核对。银行存款日记账与银行存款总分类账核对。

(3) 账实核对。银行存款日记账与"银行对账单"核对。

> **小知识**:"银行对账单"是银行和企业核对账务的联系单,也是证实企业业务往来的记录,也可以作为企业资金流动的依据,还有最重要的是可以认定企业某一时段的资金规模,很多地方需要对账单。

2. 未达账项的概念和种类

"银行存款日记账"应定期与"银行对账单"核对,这是银行存款清查的重要环节,至少每月核对一次。

 "银行存款日记账"与"银行对账单"核对，如果余额不一致，一定是记账错误吗？

除记账错误外，企业银行存款账面余额与银行对账单余额之间不一致的原因，主要是存在未达账项。未达账项是由于企业与银行取得结算凭证的实际时间不同，导致记账时间不一致，而发生的一方已取得结算凭证且已登记入账，而另一方未取得结算凭证尚未入账的款项。

发生未达账项的具体情况有四种：

（1）银行已收款入账，企业尚未收款入账（银收企未收）。
（2）银行已付款入账，企业尚未付款入账（银付企未付）。
（3）企业已收款入账，银行尚未收款入账（企收银未收）。
（4）企业已付款入账，银行尚未付款入账（企付银未付）。

 当企业银行存款账面余额与银行对账单余额之间有差额时，应编制"银行存款余额调节表"调节，如没有记账错误，调节后的双方余额应相等。

（四）银行存款的主要账务处理

1. 设置账户

设置"银行存款"账户。

2. 核算内容

该账户核算小企业存入银行或其他金融机构的各种款项。借方登记银行存款的增加数，贷方登记减少数，期末余额在借方，反映小企业存在银行或其他金融机构的各种款项。小企业涉及外币业务的，按币种设置明细核算。

3. 银行存款的账务处理

◆ 小企业银行存款增加：

借：银行存款
  贷：库存现金、应收账款等

◆ 小企业银行存款减少：

借：库存现金、应付账款等
  贷：银行存款

四、其他货币资金

(一) 其他货币资金的概念及内容

其他货币资金是指企业除现金和银行存款以外的其他各种货币资金,即存放地点和用途均与现金和银行存款不同的货币资金。其内容主要包括:

(1) 外埠存款。外埠存款指企业到外地进行临时或零星采购时,汇往采购地银行开立采购专户的款项。

(2) 银行汇票存款。银行汇票存款是企业为取得银行汇票,按照规定存入银行的款项。

(3) 银行本票存款。企业为取得银行本票按规定存入银行的款项。

(4) 信用证存款。信用证存款是指采用信用证结算方式的企业为开具信用证而存入银行信用证保证金专户的款项。

(5) 信用卡存款。企业为取得信用卡而存入银行信用卡专户的款项。

(6) 存出投资款。存出投资款是指企业已存入证券公司但尚未进行短期投资的现金。

> 当采用定额备用金制度的小企业没有单独设置"备用金"账户进行核算时,其他货币资金的核算内容里就包括备用金。

(二) 其他货币资金的主要账务处理

1. 设置账户

设置"其他货币资金"账户。

2. 核算内容

该账户核算小企业的银行汇票存款、银行本票存款等其他货币资金。借方登记银行存款的增加数,贷方登记减少数,期末余额在借方,反映小企业持有的其他货币资金。

3. 其他货币资金的主要账务处理

(1) 一般货币资金的业务处理。

◆ 银行汇票存款、银行本票存款、外埠存款等增加。

借:其他货币资金——××
　　贷:银行存款

◆ 采购物资等支付款项使用其他货币资金。

借:原材料
　　应交税费——应交增值税 (进项税额)
　　贷:其他货币资金——××

◆ 其他货币资金相关业务结束,退回多余款项。

借：银行存款
　　贷：其他货币资金——××

（2）定额备用金的账务处理。

◆ 财会部门拨付备用金。

借：其他货币资金——备用金
　　贷：银行存款

◆ 相关部门凭有关凭证报销，补足定额。

借：管理费用、销售费用等
　　贷：库存现金

◆ 企业不再采用定额备用金制度，收回拨付给用款部门使用的备用金。

借：银行存款
　　贷：其他货币资金——备用金

第二部分　货币资金业务实施

迦南有限责任公司是一家小型企业，增值税一般纳税人，其开户银行为中国农业银行红河市中西支行，开户账号是0876237652。

任务1　提取现金业务处理

库存现金是企业每天必需的，因此每隔一定的时间企业就要到银行提取现金，这就需要填制现金支票。现金支票的票样如图1-2所示。

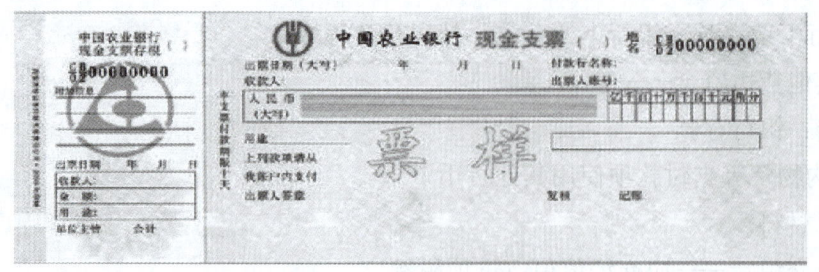

图1-2　现金支票票样

谁来填制现金支票？支票的填制内容有哪些？

任务描述

2014年1月1日，迦南公司需从开户银行提取10000元现金备用。

任务实施

步骤1：填制现金支票，如图1-3所示。

 动动手

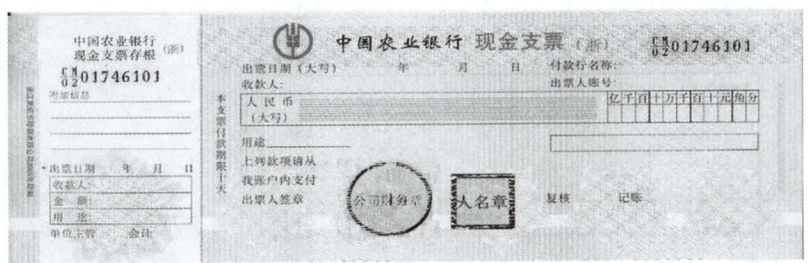

图1-3 填制现金支票

小知识：支票的日期填写必须使用中文大写，为防止变造日期，在填写月、日时，月为壹、贰、壹拾的，日为壹至玖和壹拾、贰拾、叁拾的，应在前面加"零"；日为拾壹至拾玖的，应在前面加"壹"。

步骤2：将现金支票交银行提取现金，存根留企业做原始凭证填制记账凭证：

借：库存现金　　　　　　　　　10000

　　贷：银行存款　　　　　　　　　10000

 任务2 缴存现金业务处理

任务描述

迦南公司1月10日，收到门面租金现金15000元，当日送存开户银行。

任务实施

步骤1：填写"现金缴款单"，如图1-4所示。

 动动手

中国农业银行 现金缴款单																	
年 月 日 序号：																	

<table>
<tr><td rowspan="8">客户填写部分</td><td colspan="2">收款人户名</td><td colspan="11"></td></tr>
<tr><td colspan="2">收款人账号</td><td colspan="3"></td><td colspan="2">收款人开户行</td><td colspan="6"></td></tr>
<tr><td colspan="2">缴款人</td><td colspan="3"></td><td colspan="2">款项来源</td><td colspan="6"></td></tr>
<tr><td rowspan="2">币种(√)</td><td>人民币□</td><td rowspan="2">大写：</td><td colspan="2"></td><td>亿</td><td>千</td><td>百</td><td>十</td><td>万</td><td>千</td><td>百</td><td>十</td><td>元</td><td>角</td><td>分</td></tr>
<tr><td>外币：</td><td colspan="13"></td></tr>
<tr><td>券别</td><td>100元</td><td>50元</td><td>20元</td><td>10元</td><td>5元</td><td>2元</td><td colspan="2">1元</td><td colspan="4">辅币（金额）</td></tr>
<tr><td>张数</td><td colspan="13"></td></tr>
</table>

银行电脑打印部分	日期：	日志号：	交易码：	币种：
	金额：	终编号：	主管：	柜员：

温馨提示：本部分内容只能由电脑打印，不能手工填写，请客户留意。

制票： 复核：

图1-4 填写"现金缴款单"

 "现金缴款单"是开户单位将现金收入送存开户银行时填制的结算凭证，通常一式两联。

步骤2：银行收款盖章后，第二联退回开户单位作原始凭证填制记账凭证。

借：银行存款　　　　　　　　　15000
　　贷：库存现金　　　　　　　　15000

 任务3 登记"现金日记账"

任务描述

迦南公司在2014年1月初，库存现金年初余额为800元，本月共发生如下经济业务：

（1）1月1日，从银行提取现金10000元作备用金，开具现金支票一张（见前述支票），应编制银行存款付款凭证，凭证号数"银付01号"，凭证如图1-5所示：

付款凭证

贷方科目：银行存款　　　　　2014 年 01 月 01 日　　　　　凭证编号：银付 01 号

对方单位	摘要	借方科目		金额									记账符号
		总账科目	明细科目	亿	千	百	十	万	千	百	十	元	角	分	
略	提取现金	库存现金						1	0	0	0	0	0	0	
结算方式及票号：支票6101		合计金额					¥	1	0	0	0	0	0	0	

附单据 1 张

会计主管：丁山　　　记账：　　　复核：　　　出纳：文华　　　制单：王田　　　领款人：

图 1-5　付款凭证

（2）1 月 2 日，公司销售人员出差预借差旅费 1200 元，现金支付。

该笔业务应编制现金付款凭证，凭证号数为"现付 01 号"，以分录形式表述如下：

借：其他应收款　　　　　　　　1200
　　贷：库存现金　　　　　　　　　　1200

（3）1 月 3 日，公司以现金购买办公用品 300 元。

该笔业务应编制现金付款凭证，凭证号数为"现付 02 号"，以分录形式表述如下：

借：管理费用　　　　　　　　　300
　　贷：库存现金　　　　　　　　　　300

（4）1 月 10 日，收到门面租金现金 15000 元。

该笔业务应编制现金收款凭证，凭证号数为"现收 01 号"，以分录形式表述如下：

借：库存现金　　　　　　　　　15000
　　贷：其他业务收入　　　　　　　　15000

（5）1 月 10 日，将现金 15000 元送存银行。

该笔业务应编制现金付款凭证，凭证号数为"现付 03 号"，以分录形式表述如下：

借：银行存款　　　　　　　　　15000
　　贷：库存现金　　　　　　　　　　15000

任务实施

假定本月该小企业无其他与"库存现金"相关的经济业务，则根据以上业务登记后的"现金日记账"如表 1-3 所示。

 动动手

表1-3 现金日记账

年		凭证		对方科目	摘要	借方									贷方									借或贷	余额								
月	日	字	号			百	十	万	千	百	十	元	角	分	百	十	万	千	百	十	元	角	分		百	十	万	千	百	十	元	角	分

小总结：上述现金日记账的登记分如下三个步骤：

第一步：由于是2014年初，因此要将上年期末数结转到本年。

第二步：按本月经济业务发生的顺序，逐日逐笔进行登记。

第三步：日清月结，月末进行结账。

 2月继续发生库存现金业务，如何登记账簿呢？

 银行存款日记账的登记与现金日记账的登记方法基本一致。

 任务4 库存现金清查

任务描述

迦南公司3月末进行现金清查，发现"现金日记账"上所登记的金额是2350元，而出纳清点库存现金实际数为2200元，经检查"现金日记账"并未登记错误。

任务实施

步骤1：编制现金盘点报告单，如表1-4所示。

 动动手

表1-4 现金盘点报告表

单位名称：　　　　　　　　　　　　　　　年　月　日

实存金额	账存金额	对比结果		问题简要说明
		盘盈	盘亏	
主管部门处理意见			备注	

盘点人签章：　　　　　　　　　　　　　　　会计签章：

步骤2：根据"现金盘点报告表"编制会计分录：

借：待处理财产损溢——待处理流动资产损溢　　150
　　贷：库存现金　　　　　　　　　　　　　　　　150

步骤3：进一步查实，盘亏现金150元中，100元是职工文某原因，由其赔偿，赔款尚未收到，另50元无法查明原因，经主管部门批准同意作营业外支出处理：

借：其他应收款——应收现金短款（文某）　　100
　　营业外支出　　　　　　　　　　　　　　　　50
　　贷：待处理财产损溢——待处理流动资产损溢　　150

小知识：现金盘点有如下情况：

现金短缺：应由有关单位、人员赔付的，计入"其他应收款"，无法查明原因的，经批准计入"营业外支出"。

现金溢余：应支付给有关单位、人员的，计入"其他应付款"，无法查明原因的，经批准计入"营业外收入"。

若该企业现金盘点是盈余150元，其中100元是少付职工李某的款项，其余50元无法查明原因，应如何处理？

业务二　银行存款

 任务1　银行存款进账业务处理

 任务描述

迦南公司收到客户太和公司偿还前欠的货款51000元，收到转账支票一张，如图1-6所示。

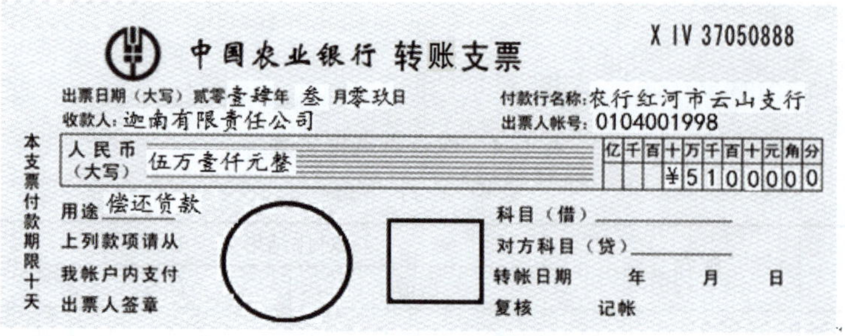

图 1-6 银行转账支票

任务实施

步骤 1：填写进账单，与转账支票一起交银行办理进账。如图 1-7 所示。

动动手

中国农业银行 AGRICULTURAL BANK OF CHINA 进账单（回 单） 1

年 月 日

<table>
<tr><td rowspan="3">出票人</td><td>全称</td><td colspan="3"></td><td rowspan="3">收款人</td><td>全称</td><td colspan="11"></td></tr>
<tr><td>账号</td><td colspan="3"></td><td>账号</td><td colspan="11"></td></tr>
<tr><td>开户银行</td><td colspan="3"></td><td>开户银行</td><td colspan="11"></td></tr>
<tr><td rowspan="2">金额</td><td colspan="6" rowspan="2">人民币
（大写）</td><td>亿</td><td>千</td><td>百</td><td>十</td><td>万</td><td>千</td><td>百</td><td>十</td><td>元</td><td>角</td><td>分</td></tr>
<tr><td></td><td></td><td></td><td></td><td></td><td></td><td></td><td></td><td></td><td></td><td></td></tr>
<tr><td>票据种类</td><td></td><td>票据张数</td><td></td><td colspan="14" rowspan="3">开户银行签章</td></tr>
<tr><td>票据号码</td><td colspan="3"></td></tr>
<tr><td colspan="4">复核： 记账：</td></tr>
</table>

此联是开户银行交给持票人的回单

图 1-7 填写“银行进账单”

步骤 2：根据进账单回单，填制记账凭证。

借：银行存款 51000

贷：应收账款——太和公司 51000

任务 2 编制“银行存款余额调节表”

任务描述

迦南公司 3 月 31 日，“银行存款日记账”和“银行对账单”如表 1-5、表 1-6 所示。

任务实施

步骤 1：迦南公司 3 月末银行存款日记账的账面余额为 158690.55 元，银行对账单上的金额是 190370.55 元，经核对，登账无误，但有如下未达账项：

（1）银行借款利息 600 元，银行已划转，企业尚未入账。

（2）企业取得销售收入 5320 元，已送存转账支票，而银行尚未入账。

（3）委托银行收款 25800 元，银行已收妥并入账，企业由于尚未收到收账通知，暂未入账。

（4）企业购买材料 11800 元，已签发转账支票，持票人尚未到银行办理导致银行并未入账。

步骤 2：编制"银行存款余额调节表"，如表 1-7 所示。

表 1-5　银行存款日记账

2014年		凭证		对方科目	摘要	结算方式		借方								贷方								借或贷	余额							
月	日	字	号			类别	票号	百	十	万	千	百	十	元	角	分	百	十	万	千	百	十	元	角	分		百	十	万	千	百	十	元	角	分
3	1				承前页																					借		1	3	3	5	2	0	5	5
3	4	…	…		提取现金	……	…											1	0	0	0	0	0	0		借		1	2	3	5	2	0	5	5
3	7	…	…		销售商品				5	7	5	0	0	0	0											借		1	8	1	0	2	0	5	5
3	10	…	…		销售商品				1	1	7	0	0	0	0											借		1	9	2	7	2	0	5	5
3	12	…	…		提取现金													1	5	0	0	0	0	0		借		1	7	7	7	2	0	5	5
3	14	…	…		付租金														6	6	0	0	0	0		借		1	7	1	1	2	0	5	5
3	18	…	…		缴存现金					2	3	5	5	0	0	0										借		1	9	4	6	7	0	5	5
3	20	…	…		支付薪酬														6	7	0	0	0	0		借		1	2	7	6	7	0	5	5
3	28	…	…		销售商品					3	7	5	0	0	0	0										借		1	6	5	1	7	0	5	5
3	30	…	…		购买材料														1	1	8	0	0	0		借		1	5	3	3	7	0	5	5
3	31	…	…		销售商品						5	3	2	0	0	0										借		1	5	8	6	9	0	5	5
3	31				本月合计				1	3	5	5	7	0	0	0		1	1	0	4	0	0	0		借		1	5	8	6	9	0	5	5

表 1-6　银行对账单

中国农业银行红河中西支行对账单

账号：0876237652　　　　　　户名：迦南有限责任公司

币种：人民币　　　　　　开始日期：2014-03-01　　　　　　截止日期：2014-03-31

交易时间	交易摘要	借方发生额	贷方发生额	余额
03.04	提取	10000.00		123520.55
03.07	委托收款		11700.00	135220.55
03.10	转账进款		57500.00	192720.55
03.12	提现	15000.00		177720.55
03.17	转账付款	6600.00		171120.55
03.18	现存		23550.00	194670.55
03.21	工资	67000.00		127670.55
03.28	转账进款		37500.00	165170.55
03.30	利息	600.00		164570.55
03.31	委托收款		25800.00	190370.55

打印日期：2014.03.31

表 1-7　银行存款余额调节表

　　　　　月　　日

项目	金额	项目	金额
银行存款日记账		银行对账单	
加：银收企未收		加：企收银未收	
减：银付企未付		减：企付银未付	
调节后的余额		调节后的余额	

调节后的余额反映的是企业实际的银行存款数，但无须进行账面调整，待结算凭证到达后进行账务处理，登记入账。

小知识："银行对账单"与"银行存款余额调节表"都是会计资料，最后形成会计档案，但都不能作为原始凭证填制记账凭证。

由于会计主体的基本前提，"银行对账单"与"银行存款日记账"上的借贷方向正好相反。

业务三　其他货币资金

任务1　定额备用金制度账务处理

任务描述

2014年3月，迦南公司核定销售部备用金定额为10000元，以现金拨付，并规定每月月底由备用金专门经管人员凭有关凭证向会计部门报销，补足备用金。月末，销售部报销日常业务支出8000元。

任务实施

步骤1：拨付备用金。

借：其他货币资金——备用金　　　10000

　　贷：银行存款　　　　　　　　　　10000

步骤2：报销日常业务支出，补足备用金。

借：销售费用　　　　　　　　　8000

　　贷：库存现金　　　　　　　　　　8000

任务2 外埠存款账务处理

任务描述

迦南公司为临时到外地采购原材料，2014年3月5日委托开户银行汇款50000元到采购地设立采购专户。3月20日，采购员交来从采购专户付款购入材料的有关凭证，增值税专用发票上的原材料价款为40000元，增值税税额为6800元。3月28日，收到开户银行的收款通知，该采购专户中的结余款项已经转回。

任务实施

迦南公司编制如下会计分录：

步骤1：汇出款项时：

借：其他货币资金——外埠存款　　　　50000
　　贷：银行存款　　　　　　　　　　　　50000

步骤2：采购原材料时：

借：原材料　　　　　　　　　　　　　40000
　　应交税费——应交增值税（进项税额）　6800
　　贷：其他货币资金——外埠存款　　　　46800

步骤3：转回余款时：

借：银行存款　　　　　　　　　　　　3200
　　贷：其他货币资金——外埠存款　　　　3200

采购专户只付不收，款项付完后结束账户。

任务3 银行汇票存款、银行本票存款账务处理

任务描述

迦南公司需要到外地采购材料，向开户银行申请用银行存款办理银行汇票60000元。采购人员持银行汇票购入甲材料，价款为50000元，增值税为8500元，材料验收入库。余款经申请退回公司银行存款账户，记为：

任务实施

步骤1：办理银行汇票，根据银行退回的"银行汇票委托书"存根联填制凭证：

借：其他货币资金——银行汇票　　　　60000
　　贷：银行存款　　　　　　　　　　　60000

步骤2：采购人员持银行汇票购买材料：

借：原材料——甲材料　　　　　　　　50000

　　　　应交税费——应交增值税（进项税额）　　8500
　　　　　贷：其他货币资金——银行汇票　　　　　　58500
　　步骤3：余款经申请退回公司银行存款账户，根据"银行汇票多余款收账通知"，填制记账凭证为：
　　　　借：银行存款　　　　　　　　　　　　　1500
　　　　　贷：其他货币资金——银行汇票　　　　　　1500

 若迦南公司是收票方，当如何进行账务处理？

附：银行汇票样式

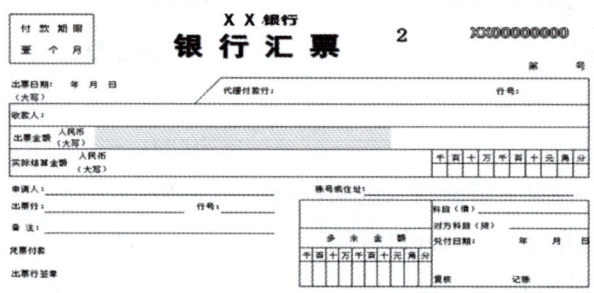

小知识：银行汇票一式四联，第一联卡片、第二联汇票、第三联解讫通知、第四联多余款收账通知。填写的汇票经审核无误后，压数机压印出票金额，第一联留出票行做付款传票；在第二联上加盖汇票专用章，连同第三联一并交给申请人自带；第四联是多余款通知，在签发行结清后交汇款人做原始凭证。

银行汇票的业务操作流程如下：

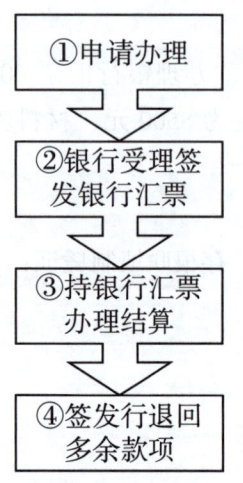

①申请办理　　　　填写办理银行汇票的业务委托书

②银行受理签发银行汇票　　编制记账凭证并登记银行存款日记账

③持银行汇票办理结算　　持银行汇票和解讫通知办理业务

④签发行退回多余款项　　编制记账凭证并登记银行存款日记账

项目二　存货

学习目标：
(1) 熟悉存货的构成内容。
(2) 掌握存货的初始计量和发出的计价方法。
(3) 掌握原材料按实际成本核算的账户设置和账务处理。
(4) 了解周转材料的核算内容和账务处理。
(5) 了解库存商品的核算内容和账务处理。

业务目标：
(1) 会进行原材料取得时成本计量。
(2) 会存货发出的计价方法。
(3) 会材料在实际成本法计价下总分类核算及明细分类核算。
(4) 会周转材料账务处理。
(5) 会委托加工物资账务处理。
(6) 会进行存货清查。

第一部分　存货理论基础

一、存货的概念及构成内容

（一）存货的概念

存货是指小企业在日常生产经营过程中持有以备出售的产成品或商品、处在生产过程中的在产品、将在生产过程或提供劳务过程中耗用的材料和物料等。

（二）存货的构成内容

小企业的存货包括原材料、在产品、半成品、产成品、商品、周转材料、委托加工物资等。

1. 原材料

原材料是指小企业在生产过程中经加工改变其形态或性质并构成产品主要实体的各种原料及主要材料、辅助材料、外购半成品（外购件）、修理用备件（备品备件）、包装材料、燃料等。

2. 在产品

在产品是指小企业正在制造尚未完工的产品。包括正在各个生产工序加工的产品，以及已加工完毕但尚未检验或已检验但尚未办理入库手续的产品。

3. 半成品

半成品是指小企业经过一定生产过程并已检验合格交付半成品仓库保管，但尚未制造完工成为产成品，仍需进一步加工的中间产品。

4. 产成品

产成品是指小企业已经完成全部生产过程并已验收入库，符合标准规格和技术条件，可以按照合同规定的条件送交订货单位，或者可以作为商品对外销售的产品。

5. 商品

商品是指小企业（批发业、零售业）外购或委托加工完成并已验收入库用于销售的各种商品。

6. 周转材料

周转材料是指小企业能够多次使用、逐渐转移其价值但仍保持原有形态且不确认为固定资产的材料。包括包装物、低值易耗品、小企业（建筑业）的钢模板、木模板、脚手架等。

7. 委托加工物资

委托加工物资是指小企业委托外单位加工的各种材料、商品等物资。

二、存货收发的计价

（一）存货收到的计价

企业取得存货时，应当按照实际成本计量。存货的实际成本，就是在取得存货的过程中发生的全部实际支出。

存货取得的途径不同，其实际成本的构成也有所不同。

1. 外购存货

成本 = 购买价款 + 相关税费 + 运输费 + 装卸费 + 保险费 + 外购存货过程发生的其他直接费用等

按照税法规定可以抵扣的增值税进项税额不属于存货的成本。

2. 通过进一步加工取得的存货

成本 = 直接材料 + 直接人工 + 按照一定方法分配的制造费用等

3. 投资者投入存货

投资者投入存货按照评估价值确定。

4. 盘盈存货的成本

盘盈存货的成本按照同类或类似存货的市场价格或评估价值确定。

（二）存货发出的计价

由于存货购买方式、购买时间、购买地点的不同，相同存货的成本也是不同的。在每次发出存货时，就会产生按哪一种单价计价的问题。按《小企业会计准则》的规定，小企业可采用如下方法确定发出存货的实际成本：

$$\begin{cases} 先进先出法 \\ 加权平均法 \\ 个别计价法 \end{cases}$$

发出存货的计价方法一经选用，不得随意变更。

三、原材料的核算

（一）原材料核算内容

原材料是指小企业在生产过程中经加工改变其形态或性质并构成产品主要实体的各种原料及主要材料、辅助材料、外购半成品（外购件）、修理用备件（备品备件）、包装材料、燃料等。

1. 原料及主要材料

原料及主要材料是指直接用于产品制造，构成产品主要实体的各种原料和材料。

2. 辅助材料

辅助材料是指不构成产品的主要实体，但直接用于产品生产，有助于产品形成的各种材料。

3. 外购半成品

对购入企业而言，外购半成品如同购买材料。如果外购半成品数量不大时，也可列为原料及主要材料。

4. 修理用备件

修理用备件是指为修理本企业的机器、设备等从外部购入的专用零部件。

5. 包装材料

包装材料是指包装产品用的，除包装物以外的各种材料，如纸、绳、铁丝等。

6. 燃料

燃料是指在生产工艺过程中用于燃烧取得热能的各种材料，如煤炭、汽油、天然气等。

（二）原材料的核算方法

原材料的日常核算分为按实际成本计价和按计划成本计价两种方法，企业可以根据自身生产经营特点及管理要求，自行决定采用一种核算方法。小企业原材料一般按实际成本计价进行核算，原材料按实际成本计价是指从原材料收发凭证填制到原材料明细账登记、总账登记都采用实际成本计价。

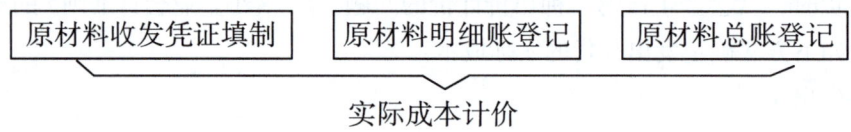

在原材料按实际成本计价的核算中，需要设置"原材料"、"在途物资"等账户。

1. "原材料"账户

（1）账户结构。该账户用于核算企业库存的各种原材料的实际成本。借方登记验收入库的原材料的实际成本，贷方登记发出的各种原材料的实际成本，期末借方余额反映企业库存原材料的实际成本。该账户可选择如下分类进行明细核算：

保管地点（仓库）
类别　　　　　　企业根据需要进行明细账户设置
品种　　　　　　例：原材料——原料及主要材料（甲材料）
规格

（2）原材料明细分类核算形式。原材料的明细分类核算包括数量核算和金额核算两部分：

{ 原材料收发、库存的数量 → 仓库保管员负责
{ 金额核算 → 企业财会人员负责

根据这一要求，实际工作中明细分类核算通常有以下两种形式：

①"两套账"形式，也称"账卡分设"，即企业的仓库和财会部门各设置一套材料账簿进行材料的明细分类核算。

仓库设置：材料卡片，如表2-1所示。

> **小知识：**"材料卡片"根据材料品种、规格设置，并按材料的类别和编号顺序排列，或按类别装订成活页账。

财会部门设置：材料明细账（数量金额式明细账）。如表2-2所示。

表 2-1 材料卡片

材料账户：　　　　　　　材料编号：　　　　　　　卡片编号：
材料类别：　　　　　　　材料名称：　　　　　　　规格：
存放地点：　　　　　　　　　　　　　　　　　　计量单位：

年		凭证		收入数量	发出数量	结存数量	稽核	
月	日	名称	编号				日期	签章

表 2-2 明细分类账

_____明细分类账

类别：　　　　　　　　　品名或规格：　　　　　　　编号：
储备定额：　　　　　　　存放地点：　　　　　　　　计量单位：

年		凭证	摘要	收入（借方）			发出（贷方）			结存（余额）		
月	日	字号		数量	单价	金额（百十万千百十元角分）	数量	单价	金额（百十万千百十元角分）	数量	单价	金额（百十万千百十元角分）

② "一套账"形式，也称"账卡合一"，即将仓库设置的材料卡片与财会部门设置的材料明细分类账合并为一套数量金额式的"材料明细账"进行材料明细核算。如表 2-3 所示。

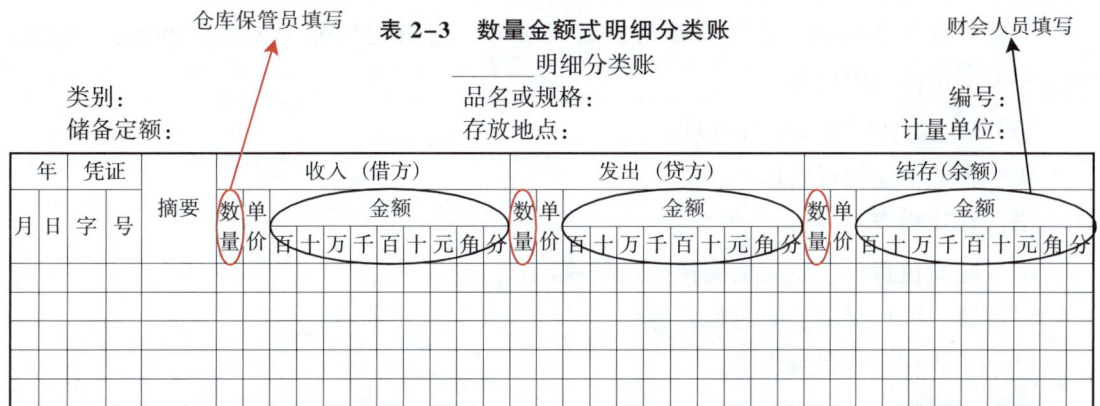

表 2-3 数量金额式明细分类账

"材料明细账"平时放在仓库，由仓库保管员根据收发凭证序时逐笔登记收、发数量并逐日结出结存数；财会部门的材料会计人员定期到仓库稽核、收单，并在材料收发

凭证上标价以及在材料明细账上登记金额。

（3）原材料的主要账务处理。

①小企业原材料增加。

◆ 购入并验收入库、投资者投入等时：

借：原材料

　　应交税费——应交增值税（进项税额）

　　　贷：银行存款/应付账款/实收资本/资本公积等

◆ 自制验收入库时：

借：原材料

　　　贷：生产成本

> **小知识**：小企业购入材料已经到达并验收入库，但在月份内未收到账单导致月末尚未办理结算手续的，处理如下：本月末按暂估价值入账；下月初用红字做同样的分录予以冲回；待收到发票账单等结算凭证时，按照正常程序进行账务处理。

②小企业原材料减少。生产领用原材料、出售结转材料等时：

借：生产成本、制造费用、其他业务成本等

　　　贷：原材料

2."在途物资"账户

（1）账户结构。该账户用于核算企业采用实际成本（进价）进行材料、商品等物资的日常核算、货款已付尚未验收入库的在途物资的采购成本。该账户借方登记已付款或已开出承兑商业汇票的材料、商品的实际成本，贷方登记已验收入库材料、商品的实际成本，期末借方余额反映企业在途材料、商品的实际成本。

该账户应按供应单位和物资品种设置明细账，进行明细分类核算。例如：在途物资——××单位（甲材料）。

（2）在途物资的主要账务处理。

①小企业在途物资增加时：

借：在途物资

　　应交税费——应交增值税（进项税额）

　　　贷：银行存款、应付账款等

②小企业在途物资减少时：

借：原材料

　　　贷：在途物资

小企业原材料核算一定使用"在途物资"账户吗?

四、周转材料的核算

周转材料的日常核算分为按实际成本计价和按计划成本计价两种方法,企业可以根据自身生产经营特点及管理要求,自行决定采用一种核算方法。小企业周转材料核算一般按实际成本计价进行核算。

（一）低值易耗品的核算

1. 低值易耗品的内容

低值易耗品是指不能作为固定资产的各种用具物品,如工具、管理用具、玻璃器皿以及在经营过程中周转使用的包装容器等。

低值易耗品按其用途可以分为以下几类：

（1）一般工具,是指生产中常用的工具。如刀具、量具、夹具、装配工具等。

（2）专用工具,是指专用于制造某一特定产品或在某一特定工序上使用的工具、专用磨具等。

（3）替换设备,是指容易磨损或为制造不同产品需要替换使用的各种设备。

（4）管理用具,是指管理上使用的各种家具、用具,如办公用具等。

（5）劳动保护用品,是指为了安全生产而发给工人作为劳动保护用的工作服、工作鞋和各种防护用品等。

（6）其他,是指不属于上述各类的低值易耗品。

2. 低值易耗品核算的账户设置

（1）设置账户。设置"周转材料——低值易耗品"账户（也可以单独设置"低值易耗品"账户进行核算）。

（2）核算内容。该账户的借方登记验收入库的低值易耗品成本及转销报废低值易耗品的摊销,贷方登记企业领用、摊销的低值易耗品成本,期末余额在借方,反映企业在库低值易耗品成本以及在用低值易耗品的摊余价值。

该账户应分别设置"在库"、"在用"和"摊销"等明细账户进行明细核算。例如,周转材料——低值易耗品（在库）。

3. 低值易耗品的摊销方法

企业领用的低值易耗品,其价值可以根据低值易耗品的特点及企业实际情况,分别采用"一次摊销法"、"分次摊销法"进行摊销。如表2-4所示。

4. 低值易耗品的主要账务处理

（1）小企业低值易耗品增加（可参照原材料增加处理）。

（2）小企业低值易耗品减少。

表 2-4 低值易耗品的摊销方法

摊销方法	摊销程序	适用范围
一次摊销法	领用低值易耗品时,成本一次全部转入当期的成本费用	一次领用数量不多、价值较低、使用期限较短或者容易破损的低值易耗品的摊销
分次摊销法	领用的低值易耗品成本按使用次数转入成本费用	使用次数较多、单位价值较高或一次领用数量较大的低值易耗品的摊销

①领用低值易耗品（一次摊销法）：

借：生产成本/管理费用等

　　贷：周转材料——低值易耗品

②领用低值易耗品（分次摊销法）：

◆领用时：

借：周转材料——低值易耗品（在用）

　　贷：周转材料——低值易耗品（在库）

◆分次摊销时：

借：制造费用/管理费用等

　　贷：周转材料——低值易耗品（摊销）

③使用期结束，低值易耗品报废时：

◆结转全部摊销额：

借：周转材料——低值易耗品（摊销）

　　贷：周转材料——低值易耗品（在用）

◆若有残料可以回收：

借：原材料——辅助材料

　　贷：制造费用/管理费用等

（二）包装物的核算

1. 包装物的内容

包装物是指为包装本企业商品而储备的各种包装容器，如箱、桶、坛、瓶、袋等，具体内容如下：

（1）生产过程中用于包装产品作为产品组成部分的包装物。

（2）随同产品出售而不单独计价的包装物。

（3）随同产品出售而单独计价的包装物。

（4）出租给购货单位的包装物。

（5）出借给购货单位的包装物。

表 2-5 中的各项物资核算易与包装物混淆。

表 2-5　容易与包装物混淆的各类物资

物资项目	核算账户
包装材料，如纸、绳、铁丝等	原材料——辅助材料
包装物用于储存和保管商品、材料，是不对外出售的	固定资产或周转材料——低值易耗品
作为企业商品生产的自制包装物	库存商品

2. 包装物核算的账户设置

（1）设置账户。设置"周转材料——包装物"（也可以单独设置"包装物"账户进行核算）。

（2）核算内容。该账户的借方登记验收入库的包装物成本及转销报废包装物的摊销，贷方登记企业领用、摊销的包装物成本，期末余额在借方，反映企业在库包装物成本及周转使用包装物的摊余价值。

该账户应分别设置"在库"、"在用"和"摊销"等明细账户进行明细核算。例如：周转材料——包装物（在库）。

3. 包装物的摊销方法（参见低值易耗品摊销）

4. 包装物的主要账务处理

（1）小企业包装物增加（可参照原材料增加处理）。

（2）小企业包装物减少。

① 生产领用包装物时（包装物形成产品生产成本）：

借：生产成本

　　贷：周转材料——包装物

②随同产品出售不单独计价的包装物：

借：销售费用

　　贷：周转材料——包装物

③随同产品出售单独计价的包装物（需确认收入并结转成本）：

◆ 确认收入：

借：银行存款等

　　贷：其他业务收入

　　　　应交税费——应交增值税（销项税额）

◆ 结转成本：

借：其他业务成本

　　贷：周转材料——包装物

④出租包装物：

租金→营业外收入

押金→其他应付款

出租过程发生的费用、支出→营业外支出

◆ 出租收取租金与押金时：

借：库存现金、银行存款
　　贷：营业外收入
　　　　应交税费——应交增值税（销项税额）
　　　　其他应付款

◆ 摊销时：

一次摊销法	分次摊销法
借：营业外支出 　　贷：周转材料——包装物	借：周转材料——包装物（在用） 　　贷：周转材料——包装物（在库） 借：营业外支出 　　贷：周转材料——包装物（摊销）
包装物出租时将成本全部摊销	包装物出租时按预计使用次数分次摊销

⑤出借包装物：

押金 → 其他应付款

出借过程发生的费用、支出 → 销售费用

◆ 收取押金时：

借：库存现金、银行存款
　　贷：其他应付款

◆ 摊销时：

一次摊销法	分次摊销法
借：销售费用 　　贷：周转材料——包装物	借：周转材料——包装物（在用） 　　贷：周转材料——包装物（在库） 借：销售费用 　　贷：周转材料——包装物（摊销）
包装物出租时将成本全部摊销	包装物出借时按预计使用次数分次摊销

⑥出租、出借包装物分次摊销法下，摊销结束结转全部摊销额：

借：周转材料——包装物（摊销）
　　贷：周转材料——包装物（在用）

⑦出租、出借包装物逾期不能收回，没收押金时：

借：其他应付款
　　贷：营业外收入
　　　　应交税费——应交增值税（销项税额）

⑧包装物报废，残料回收：

借：原材料

　　贷：营业外支出、销售费用等

> 出租（出借）包装物若采用一次摊销法，首次发生出租（出借）业务时，已将成本全部摊销，账面不再反映此包装物。所以，后续发生出租（出借）业务时，不再进行成本摊销业务处理，但应做备查登记。

五、库存商品的核算

库存商品是指小企业库存的各种商品，主要包括：

$$\begin{cases} 库存产成品 \\ 外购商品 \\ 存放在门市部准备出售的商品 \\ 发出展览的商品 \\ 寄存在外的商品 \end{cases}$$

（一）工业企业库存商品的核算

1. 工业企业库存商品的内容

工业企业库存商品主要是库存产成品，库存产成品是指已经完成全部生产过程并已验收入库，符合标准规格和技术条件，可以按照合同规定的条件送交订货单位，或者可以作为商品对外出售的产品。

> **小知识**：①小企业接受来料加工制造的代制品和为外单位加工修理的代修品，在制造和修理完成验收入库后，视同小企业的产成品；②可以降价出售的不合格品，也视同小企业的产成品，但应当与合格产品分开记账。

2. 工业企业库存商品的计价方法

计价方法：实际成本法

在这种计价方式下，库存商品收入和发出：

$$\begin{cases} 平时：只记数量不记金额 \\ 月度终了：计算入库、出库库存商品的实际成本 \end{cases}$$

· 29 ·

对发出和销售的库存商品，确定其实际成本可采用的方法有：先进先出法、加权平均法、个别计价法等。

3. 工业企业库存商品核算的账户设置

（1）设置账户。设置"库存商品"账户。

（2）核算内容。该账户借方登记已经完成生产过程并已验收入库的产成品实际成本，贷方登记发出（售出）产成品的实际成本，期末余额在借方，反映库存产成品的实际成本。

该账户应按产成品的品种、规格设置明细账，进行明细分类核算。例如，库存商品——××产品。

4. 库存商品的主要账务处理

（1）小企业库存商品增加（产品生产完工验收入库）：

借：库存商品
　　贷：生产成本

（2）小企业库存商品减少（对外销售产品，结转已售产品的销售成品）：

借：主营业务成本
　　贷：库存商品

（二）商品流通企业库存商品核算

1. 商品流通企业库存商品的内容

商品流通企业库存商品主要是指外购或者委托加工完成验收入库用于销售的各种商品。主要包括：

$$\left\{\begin{array}{l}\text{库存的外购商品、自制商品}\\ \text{存放在门市部准备出售的商品}\\ \text{发出展览的商品}\\ \text{寄存在外的商品}\end{array}\right.$$

2. 商品流通企业库存商品的计价方法

$$\text{计价方法}\left\{\begin{array}{l}\text{实际成本计价法}\\ \text{毛利率法}\\ \text{零售价法}\end{array}\right.$$

3. 商品流通企业库存商品核算的账户设置

（1）设置账户。设置"库存商品"账户。

（2）核算内容。该账户借方登记购入并已验收入库的商品实际成本或售价，贷方登记对外销售商品结转销售成本或售价，期末余额在借方，反映库存商品的实际成本或售价。

该账户应按产成品的品种、规格设置明细账，进行明细分类核算。例如，库存商品——××产品。

商品流通企业库存商品若采用零售价法计价，还需设置"商品进销差价"账户核算其商品售价与进价之间的差额。

六、委托加工物资

（一）委托加工物资的内容

委托加工物资是指小企业委托外单位加工的各种材料、商品等物资。委托加工物资应按实际成本计价核算。

成本 = 实际耗用发出加工材料（半成品/商品）的实际成本 + 支付的加工费用 + 加工物资的往返运杂费 + 应负担的相关税费等

按照税法规定可以抵扣的增值税进项税额属于委托加工物资的成本吗？

（二）委托加工物资核算的账户设置

（1）设置账户。设置"委托加工物资"账户。

（2）核算内容。该账户借方登记小企业发出加工物资的实际成本、支付的加工费、应负担的运杂费和应计入委托加工物资成本的税费等，贷方登记加工完成收回物资和退回剩余物资的实际成本，期末余额在借方，反映企业委托外单位加工，但尚未完成加工物资的实际成本。

小企业应按加工合同、受托加工单位以及加工物资的品种设置明细账，进行明细分类核算。例如，委托加工物资——××企业（××材料）。

（三）委托加工物资的主要账务处理

1. 小企业委托加工物资增加

（1）发出材料或商品委托外单位加工时：

借：委托加工物资

　　贷：原材料、库存商品

（2）支付加工费、运杂费等时：

借：委托加工物资

　　应交税费——应交增值税（进项税额）

　　贷：银行存款、应付账款等

（3）支付受托方代收代缴的消费税时：

收回加工物资直接销售或继续加工非应税消费品的	收回加工物资继续加工应税消费品的
借：委托加工物资 　　贷：银行存款、应付账款等	借：应交税费——应交消费税 　　贷：银行存款、应付账款等

2. 小企业委托加工物资减少

加工完成后收回验收入库、收回多余物资时：

借：原材料、库存商品
　　贷：委托加工物资

七、存货清查

由于存货种类繁多，收发频繁。在日常收发过程中可能方式计量错误、计算错误、自然损坏，还可能发生损坏变质以及贪污、盗窃等情况，造成账实不符。为了保证各项存货登记的准确性、真实性，保证各项存货的安全完整，企业应定期或不定期地对存货进行清查。

（一）存货清查的方法、内容、目的

存货清查的主要方法：实地盘点法（定期或不定期）。具体操作：

{ 一般存货：点数、过磅、测量、计算等方法点清存货数量
　大堆、廉价和笨重的存货：采用技术测量法或估算法确定存货数量

清查结果：逐项登记在"盘点单"中，与存货相关账簿进行核对，确定盘盈或盘亏，编制"存货盘点报告表"。

> **小知识**：存货盘点报告表反映的是存货清查的结果，应按照存货明细账的分类和顺序填写，注明盘盈/盘亏的真实原因，并总结存货管理的经验和存在的问题，提出处理意见，上报审批。同时，"存货盘点报告表"上必须由清查人员和仓库保管人员签章确认。

存货清查目的：账实相符。

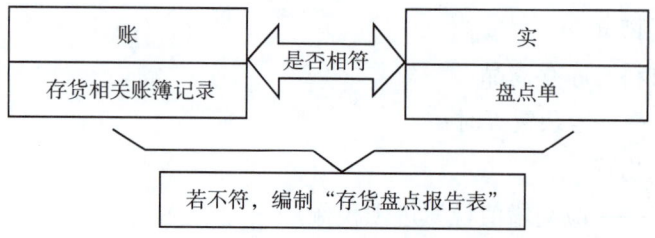

（二）小企业存货清查核算的账户设置

（1）设置账户。设置"待处理财产损溢"账户。

（2）核算内容。该账户借方登记发生的各种财产物资的盘亏、毁损、短缺的金额和批准转销的盘盈金额，贷方登记发生的各种财产物资的盘盈金额和批准转销盘亏、毁损、短缺的金额。

该账户一般设置"待处理财产损溢——待处理流动资产损溢"和"待处理财产损溢——待处理非流动资产损溢"进行明细核算。

小企业财产损溢应查明原因，在期末结账前处理完毕，处理后该账户应无余额。

（三）小企业存货清查的主要账务处理

小企业清查的各种存货的损溢，应于期末前查明原因，并根据小企业的管理权限，经股东大会或董事会，或经理（厂长）办公会或类似权力机构批准后，按不同原因予以转销。

1. 存货盘盈

（1）盘盈材料、产成品、商品时：

借：原材料、库存商品等（市场价格或评估价值）
　　贷：待处理财产损溢——待处理流动资产损溢

（2）报批处理时：

借：待处理财产损溢——待处理流动资产损溢
　　贷：营业外收入

2. 存货盘亏

（1）盘亏材料、产成品、商品时：

借：待处理财产损溢——待处理流动资产损溢
　　贷：在途物资、原材料、库存商品等（账面余额）
　　　　应交税费——应交增值税（进项税额转出）

小知识：存货出现盘亏一般有两种原因：

①计量收发差错、管理不善等人为主观原因：原有存货涉及增值税进项税的要作进项税额转出；

②自然灾害、意外等客观原因：不需考虑增值税进项税额转出。

（2）报批处理时：

① 计量收发差错和管理不善等人为原因的：

借：原材料（有残料可回收时）

　　其他应收款——应收赔罚款（过失人）

　　营业外支出——存货盘亏、毁损和报废损失（净损失）

　　贷：待处理财产损溢——待处理流动资产损溢

② 自然灾害或意外事故造成的存货毁损和报废：

借：原材料（有残料可回收时）

　　其他应收款——应收赔罚款（××保险公司）

　　营业外支出——非常损失（净损失）

　　贷：待处理财产损溢——待处理流动资产损溢

第二部分　存货业务实施

业务一　原材料

 **任务1　计算外购原材料的实际成本**

任务描述

迦南有限责任公司（一般纳税人）2014年8月15日从光明有限责任公司（一般纳税人）购进A材料（规格直径3寸）2000千克，单价100元/千克。取得增值税专用发票（票号：012635），发票列示价款200000元，增值税34000元。另发生运费并取得货物运输业增值税专用发票，发票列示运费4000元，增值税440元。该批材料入库前发生整理费用500元。实际验收入库1990千克（仓库1），短少10千克系运输途中的合理损耗（A材料编号：102）。

任务实施

步骤1：计算该批验收入库A材料的实际总成本和实际单位成本。

（1）该批验收入库的A材料属外购材料：

实际总成本 = 199000 + 4000 + 1000 + 500 = 204500（元）

其中，购买价款 = 100 × 1990 = 199000（元）

运输费 = 4000（元）

运输途中合理损耗 = 100 × 10 = 1000（元）

材料入库前发生整理费用 = 500（元）

（2）验收入库的 A 材料实际单位成本 = $\frac{204500}{1990}$ ≈ 102.76（元/千克）

步骤 2：填写收料单。如表 2-6 所示。

表 2-6　收料单

年　　月　　日

供应单位：　　　　　　　　　　　　　　　　　　　　　　　　　　　编号：
材料科目：　　　　　　　　材料类别：　　　　　　　　　　　　　　仓库：
发票号码：　　　　　　　　　　　　　　　　　　　　　　　　　　　单位：

材料编号	名称	规格	计量单位	数量		实际成本					单位成本	备注
				应收	实收	买价		运杂费	其他	合计		
						单位	金额					

记账员：郝　兰　　　　　　　检验员：王　林　　　　　　　保管员：刘　春

任务 2　计算发出原材料的实际成本

任务描述

迦南有限责任公司（增值税一般纳税人）6 月 B 材料有关收、发、存的明细资料如表 2-7 所示：

表 2-7　B 材料明细账（基本格式）

年		摘要	收入			发出			结存		
月	日		数量（千克）	单价（元/千克）	金额（元）	数量（千克）	单价（元/千克）	金额（元）	数量（千克）	单价（元/千克）	金额（元）
6	1	月初结存							2000	20	40000
	2	发出				1500					
	5	购进	2000	22	44000						
	7	发出				1000					
	17	购进	2000	21	42000						
	21	发出				1000					
	31	合计	4000		86000	3500					

请分别使用先进先出法、加权平均法（全月一次加权平均法、移动加权平均法）、个别计价法计算该企业本月发出材料的成本和月末结存材料的成本。

任务实施

1. 先进先出法

实施条件：先入库的存货先发出。

实施过程：发出的存货以先入库存货的单价计算发出存货成本的方法，依此从前向后类推，计算发出存货和结转存货的成本。

 若存货有期初余额，第一次发出存货时，如何计算成本？

 动动手

表 2-8 B 材料明细账（基本格式）

2014年		摘要	收入			发出			结存		
月	日		数量（千克）	单价（元/千克）	金额（元）	数量（千克）	单价（元/千克）	金额（元）	数量（千克）	单价（元/千克）	金额（元）
6	1	月初结存							2000	20	40000
	2	发出				1500	20	30000	500	20	10000
	5	购进	2000	22	44000				500	20	10000
									2000	22	44000
	7	发出									
	17	购进	2000	21	42000						
	21	发出									
	31	合计	4000		86000						

2. 加权平均法 $\begin{cases} \text{全月一次加权平均法} \\ \text{移动加权平均法} \end{cases}$

（1）全月一次加权平均法。

实施过程：

①平时发出存货：只登记数量。

②月末：先计算全月加权平均单价，再根据加权平均单价确定本月发出存货成本和月末结存存货成本。

月末加权平均单价 = $\dfrac{\text{期初结存存货实际成本} + \text{本期收入存货实际成本}}{\text{期初结存存货数量} + \text{本期收入存货数量}}$

本月发出存货成本 = 月末加权平均单价 × 本月发出存货数量

月末结存存货成本 = 月末加权平均单价 × 月末结存存货数量

表 2-9 B 材料明细账（基本格式）

2014年		摘要	收入			发出			结存		
月	日		数量（千克）	单价（元/千克）	金额（元）	数量（千克）	单价（元/千克）	金额（元）	数量（千克）	单价（元/千克）	金额（元）
6	1	月初结存							2000	20	40000
	2	发出				1500			500		
	5	购进	2000	22	44000				2500		
	7	发出				1000			1500		
	17	购进	2000	21	42000				3500		
	21	发出				1000			2500		
	31	合计	4000		86000	3500	21	73500	2500	21	52500

注1：月末加权平均单价 = $\dfrac{40000+86000}{2000+4000}$ = 21（元）；

注2：月末结存材料成本 = 21 × 2500 = 52500（元）；

注3：本月发出材料成本 = 21 × 3500 = 73500（元）。

小知识： 如果计算出加权平均单价不是整数，就要将小数点后两位以下的数字四舍五入，为了保持账面数字之间的平衡关系，可以采用"倒挤法"计算发出存货的成本，即

月末结存存货成本 = 月末加权平均单价 × 月末结存存货数量

本月发出存货成本 = 月初结存存货成本 + 本月收入存货成本 − 月末结存存货成本

（2）移动加权平均法。

实施过程：每次收到存货后，就重新计算加权平均单价，随后发出存货的成本就根据新的加权平均单价以及发出的数量确定。

移动加权平均单价 = $\dfrac{\text{以前结存存货实际成本} + \text{本批收入存货实际成本}}{\text{以前结存存货数量} + \text{本批收入存货数量}}$

发出存货成本 = 移动加权平均单价 × 发出存货数量

月末结存存货成本 = 移动加权平均单价 × 月末结存存货数量

 动动手

表 2-10 B 材料明细账（基本格式）

2014年		摘要	收入			发出			结存		
月	日		数量（千克）	单价（元/千克）	金额（元）	数量（千克）	单价（元/千克）	金额（元）	数量（千克）	单价（元/千克）	金额（元）
6	1	月初结存							2000	20	40000
	2	发出				1500	20	30000	500	20	10000
	5	购进	2000	22	44000				2500	注1 21.6	54000
	7	发出						注2			
	17	购进	2000	21	42000					注3	
	21	发出						注4			
	31	合计	4000		86000						

注1：移动加权平均单价 = $\dfrac{10000+44000}{500+2000}$ = 21.6（元）；

注2：本次发出材料成本=

注3：移动加权平均单价=

注4：本次发出材料成本=

 移动加权平均法下如果计算出的加权平均单价不是整数，处理方法与全月一次加权平均法下处理一致。

3. 个别计价法

个别计价法又称"个别认定法"、"具体辨认法"、"分批实际法"。

实施条件：假设存货的成本流转与实物流转相一致。

实施过程：按照各种存货，逐一辨认各批发出存货和期末存货所属的购进批别或生产批别，分别按其购入或生产时所确定的单位成本作为计算各批发出存货和期末存货成本的方法。

 动动手

表 2-11 B 材料明细账（基本格式）

2014年		摘要	收入			发出			结存		
月	日		数量（千克）	单价（元/千克）	金额（元）	数量（千克）	单价（元/千克）	金额（元）	数量（千克）	单价（元/千克）	金额（元）
6	1	月初结存							①2000	20	40000
	2	发出				①1500	20	30000	①500	20	10000
	5	购进	②2000	22	44000				①500	20	10000
									②2000	22	44000
	7	发出				②1000					
	17	购进	③2000	21	42000						
	21	发出				②1000					
	31	合计	4000		86000						

注：①②③代表每批进货的批号。

 **任务 3** 原材料按实际成本计价下的总分类核算

任务描述

迦南有限责任公司（增值税一般纳税人），A、B 材料均为公司的原料及主要材料。公司采用实际成本进行材料的核算。2014 年 8 月 1 日有关账户的期初余额如下：

在途物资——远大企业（A 材料）　　　　4000 元

原材料　　　　　　　　　　　　　　　　700000 元

注："原材料"账户期初余额中包括 7 月末材料已到但发票账单未到而暂估入账的 5000 元。

任务实施

2014 年 8 月发生如下经济业务事项：

（1）8 月 1 日对上月末暂估入账的原材料进行会计处理。

上月末有暂估入账的原材料，本月初用红字作同样的记账凭证，予以冲回。分录如下：

　　借：原材料　　　　　　　　　　　　　　　5000

　　　　贷：应付账款——暂估应付账款　　　　　　　　5000

（2）3 日在途材料全部收到，验收入库。

该业务属于付款在先，收料在后。在以前月份，企业已先收到发票账单，并据以付款或开出承兑商业汇票，但材料尚未收到或尚未验收入库，将这部分材料作为在途材料。现在该材料收到并验收入库，就应该由在途材料转为库存材料。

借：原材料——原料及主要材料（A 材料）　　4000
　　贷：在途物资——远大企业（A 材料）　　　4000

（3）8 日从甲企业购入 A 材料 1000 千克。每千克 50 元，增值税专用发票上注明的货款为 50000 元，增值税为 8500 元，另发生运费并取得货物运输业增值税专用发票，发票列示运费为 500 元，增值税为 55 元。全部款项已用银行存款付讫，材料验收入库。

该业务属于货款付清，同时收到材料。企业应在收到材料并付清款项时进行账务处理。

A 材料采购成本 = 50000 + 500 = 50500（元）

进项税额 = 8500 + 55 = 8555（元）

借：原材料——原料及主要材料（A 材料）　　50500
　　应交税费——应交增值税（进项税额）　　　8555
　　贷：银行存款　　　　　　　　　　　　　59055

（4）10 日从乙企业购入 B 材料 100 千克，每千克 210 元，增值税专用发票上注明的货款为 21000 元，增值税为 3570 元。上述款项已通过银行划转，但材料尚未收到。

该业务属于付款在先，收料在后。企业应在收到发票账单并付款时进行账务处理。

借：在途物资——乙企业（B 材料）　　　　21000
　　应交税费——应交增值税（进项税额）　　3570
　　贷：银行存款　　　　　　　　　　　　24570

（5）15 日从丙企业购入 B 材料 500 千克，每千克 200 元。增值税专用发票上注明的货款为 40000 元，增值税为 6800 元，另发生包装费 1000 元。以上款项均未支付。材料已验收入库。

该业务属于材料已验收入库，发票。账单也已到达，款项未支付。这种情况一般是由于企业货币资金不足而暂未付款，其表明企业因购入材料已占用了供应单位的资金，形成了应付账款，企业应在收到材料和发票账单时进行账务处理。

借：原材料——原料及主要材料（B 材料）　　41000
　　应交税费——应交增值税（进项税额）　　6800
　　贷：应付账款——丙企业　　　　　　　　47800

（6）20 日，10 日从乙企业购入的 B 材料到达企业，验收入库 80 千克，短缺 20 千克，同时查明短缺系供应单位责任。

企业外购材料时，对于采购材料在途中发生的短缺和毁损，应根据造成短缺和毁损的原因，分情况进行处理：

第一，定额内途中损耗，计入材料采购成本。

第二，能确定由供应单位、运输单位、保险公司或其他过失人负责赔偿的，应向有关单位或责任人索赔，从"在途物资"账户转入"应付账款"或"其他应收款"账户。

第三，凡尚待查明原因或需要报经批准才能转销处理的损失，应将其损失从"在途物资"账户转入"待处理财产损溢"账户，查明原因后再分别情况进行处理。

该业务属于第二种情形，能确定由供应单位负责赔偿的，应向有关单位或责任人索赔。

实际验收入库80千克乙材料的采购成本 = 210×80 = 16800（元）

按相关税法的规定，非正常损失的购进货物，其进项税额不得从销项税额中扣除，因而短缺20千克应向供应单位索赔的金额为20千克的价款以及不能抵扣的进项税额。计算如下：

短缺20千克应向供应单位索赔的金额 = 210×20 + 210×20×17% = 4914（元）

应作如下账务处理：

借：原材料——原料及主要材料（B材料）　16800
　　应付账款——乙企业　　　　　　　　　4914
　　贷：在途物资——乙企业（B材料）　　　　　21000
　　　　应交税费——应交增值税（进项税额转出）　714

（7）31日根据"发料凭证汇总表"，9月份共耗用原材料96000元，其中生产车间生产产品耗用80000元，生产车间一般耗用10000元，企业行政管理部门耗用6000元。

发出原材料应根据不同用途借记有关账户，贷记"原材料"账户。

根据"发料凭证汇总表"，进行账务处理如下：

借：生产成本　　　　　　　　80000
　　制造费用　　　　　　　　10000
　　管理费用　　　　　　　　6000
　　贷：原材料　　　　　　　　　　　96000

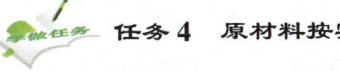

任务4　原材料按实际成本计价下的明细分类核算

迦南有限责任公司（增值税一般纳税人）的原材料采用"一套账"形式进行原材料的明细分类核算。

任务描述

甲材料（编号：12）属于迦南有限责任公司的原料及主要材料，规格5mm，存放于仓库2。2014年9月1日结存5000千克，每千克3元。甲材料发出的计价按全月一次加权平均法计算。9月份甲材料的收料单、领料单如表2-12~表2-18所示：

表 2-12　收料单

2014 年 9 月 7 日

供应单位：A 公司　　　　　　　　　　　　　　　　　　　　　编号：0901
材料科目：原材料　　　　　　　　　　　　　　　　　　　　　仓库：2
发票号码：06978　　　　　　材料类别：原料及主要材料

材料编号	名称	规格	计量单位	数量		实际成本					备注
				应收	实收	买价		运杂费	其他	合计	单位成本	
						单位	金额					
12	甲材料	5mm	千克	4000	4000	2.80	11200.00	400.00		11600.00	2.90	

记账员：郝　兰　　　　　　　检验员：王　林　　　　　　　保管员：刘　春

表 2-13　收料单

2014 年 9 月 15 日

供应单位：M 公司　　　　　　　　　　　　　　　　　　　　　编号：0902
材料科目：原材料　　　　　　　　　　　　　　　　　　　　　仓库：2
发票号码：09734　　　　　　材料类别：原料及主要材料

材料编号	名称	规格	计量单位	数量		实际成本					备注
				应收	实收	买价		运杂费	其他	合计	单位成本	
						单位	金额					
12	甲材料	5mm	千克	3000	3000	2.90	8700.00	100.00		8800.00	2.93	

记账员：郝　兰　　　　　　　检验员：王　林　　　　　　　保管员：刘　春

表 2-14　收料单

2014 年 9 月 20 日

供应单位：W 公司　　　　　　　　　　　　　　　　　　　　　编号：0903
材料科目：原材料　　　　　　　　　　　　　　　　　　　　　仓库：2
发票号码：15623　　　　　　材料类别：原料及主要材料

材料编号	名称	规格	计量单位	数量		实际成本					备注
				应收	实收	买价		运杂费	其他	合计	单位成本	
						单位	金额					
12	甲材料	5mm	千克	4000	4000	2.70	10800.0	200.00		11000.00	2.75	

记账员：郝　兰　　　　　　　检验员：王　林　　　　　　　保管员：刘　春

表 2-15　领料单

2014 年 9 月 2 日

领料部门：一车间　　　　　　　　　　　　　　　　　　　　编号：0901
用途：生产 X 产品　　　　　　　　　　　　　　　　　　　　仓库：2

材料编号	材料名称	规格	计量单位	请领数量	实发数量	单价	金额	备注
12	甲材料	5mm	千克	2000	2000	2.90	5800.00	
				合计			5800.00	

部门主管：　　会计主管：　　记账：郝　兰　　发料：刘　春　　领料：卢　琳

表 2-16　领料单

2014 年 9 月 8 日

领料部门：一车间　　　　　　　　　　　　　　　　　　　　编号：0902
用途：生产 X 产品　　　　　　　　　　　　　　　　　　　　仓库：2

材料编号	材料名称	规格	计量单位	请领数量	实发数量	单价	金额	备注
12	甲材料	5mm	千克	5000	5000	2.90	14500.00	
				合计			14500.00	

部门主管：　　会计主管：　　记账：郝　兰　　发料：刘　春　　领料：卢　琳

表 2-17　领料单

2014 年 9 月 17 日

领料部门：二车间　　　　　　　　　　　　　　　　　　　　编号：0903
用途：生产 Y 产品　　　　　　　　　　　　　　　　　　　　仓库：2

材料编号	材料名称	规格	计量单位	请领数量	实发数量	单价	金额	备注
12	甲材料	5mm	千克	4000	4000	2.90	11600.00	
				合计			11600.00	

部门主管：　　会计主管：　　记账：郝　兰　　发料：刘　春　　领料：卢　琳

表 2-18　领料单

2014 年 9 月 22 日

领料部门：一车间　　　　　　　　　　　　　　　　　　　　　　编号：0904
用途：车间机物料消耗　　　　　　　　　　　　　　　　　　　　仓库：2

材料编号	材料名称	规格	计量单位	请领数量	实发数量	单价	金额	备注
12	甲材料	5mm	千克	500	500	2.90	1450.00	
				合计			1450.00	

部门主管：　　会计主管：　　记账：郝 兰　　发料：刘 春　　领料：卢 琳

任务实施

步骤 1：材料仓库保管员平时根据收料单的仓库联、发料单的仓库联，登记材料明细账的收入栏的数量、发出栏的数量，并计算结存栏的数量。

步骤 2：材料会计定期到仓库稽核、收单，并在材料收料单上标价以及在原材料明细账上收入栏登记单价、金额。

步骤 3：材料会计月末根据材料明细账的资料计算材料的月末加权平均单价、月末结存材料的成本以及发出材料的成本并在发料单上标价。

材料明细账如下：

 动动手

仓库保管员填写　　　**表 2-19　原材料明细账**　　财会人员填写

类别：原料及主要材料　　　品名或规格：甲材料　　　　　编号：12
存放地点：仓库1　　　　　　　　　　　　　　　　　　　计量单位：千克

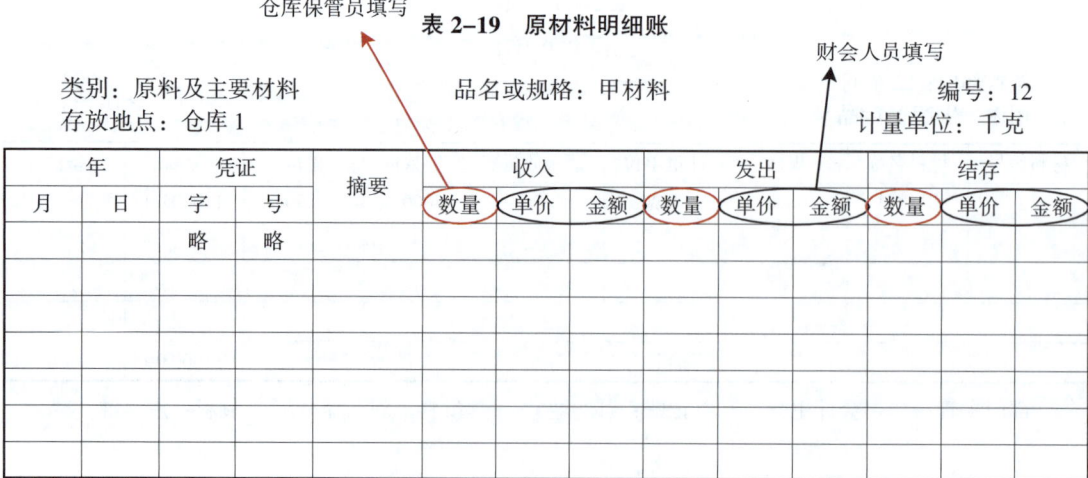

业务二 周转材料

 **任务1 企业领用低值易耗品的总分类核算**

任务描述

迦南有限责任公司（增值税一般纳税人）生产车间领用一般工具一批，实际成本1500元；厂部领用办公用具一批，实际成本1000元（领用低值易耗品采用一次摊销法）。

任务实施

借：制造费用　　　　　　　　　　　　　　1500
　　管理费用　　　　　　　　　　　　　　1000
　　贷：周转材料——低值易耗品（在库）　2500

一次摊销法在领用低值易耗品时，就将其成本一次全部转入当期的成本费用。

任务描述

迦南有限责任公司（增值税一般纳税人）生产车间领用一般工具一批，实际成本24000元，预计使用24次。使用期满，工具报废，入库残料价值100元（领用低值易耗品采用分次摊销法）。

任务实施

步骤1：领用时：

借：周转材料——低值易耗品（在用）　　24000
　　贷：周转材料——低值易耗品（在库）　24000

步骤2：以后每次摊销时：

借：制造费用　　　　　　　　　　　　　1000（24000÷24）
　　贷：周转材料——低值易耗品（摊销）　1000

步骤3：期满报废，收回残料时：

借：原材料——辅助材料　　　　　　　　100
　　贷：制造费用　　　　　　　　　　　100

步骤4：期满报废时，结转全部摊销额时：

借：周转材料——低值易耗品（摊销）　　24000
　　贷：周转材料——低值易耗品（在用）　24000

分次摊销法指将领用的低值易耗品成本按使用期限次数转入成本费用的方法。

任务2　企业领用包装物的总分类核算

任务描述

迦南有限责任公司生产车间为包装 A 产品领用包装物一批，实际成本 5000 元。

任务实施

企业生产过程中领用的包装物，在包装产品后，就构成产品实体，成为产品的一部分，因此，应将包装物的成本计入产品的生产成本。

借：生产成本——A 产品　　　　　　　　5000
　　贷：周转材料——包装物（在库）　　　　　5000

任务描述

迦南有限责任公司在商品销售过程中领用不单独计价的包装物一批，实际成本 3000 元。

任务实施

企业在商品销售过程中领用不单独计价的包装物，主要是为了推销或扩大其商品产品的销售，因此，应将包装物的成本计入企业的销售费用。

借：销售费用　　　　　　　　　　　　3000
　　贷：周转材料——包装物（在库）　　　　　3000

任务描述

迦南有限责任公司在商品销售过程中领用包装物一批，实际成本 4000 元，该批包装物随同商品销售，单独计算售价为 5000 元，增值税为 850 元，款项均已收到。

任务实施

包装物随同商品出售并单独计价，实际上就是出售包装物，即应于销售发出时，按取得的收入计入"其他业务收入"账户，将包装物成本转入"其他业务成本"账户。

借：银行存款　　　　　　　　　　　　5850
　　贷：其他业务收入　　　　　　　　　　　5000
　　　　应交税费——应交增值税（销项税额）　850
借：其他业务成本　　　　　　　　　　4000
　　贷：周转材料——包装物（在库）　　　　　4000

任务描述

迦南有限责任公司在商品销售过程中，租给购货单位新包装物一批，实际成本 2800

元，收取押金 3000 元和租金 585 元（其中增值税 85 元）收存银行。租期 1 个月，期满未能收回包装物，没收押金。该包装物采用一次摊销法。

任务实施

步骤 1：出租新包装物时：

借：营业外支出　　　　　　　　　　　　　　　2800
　　贷：周转材料——包装物（在库）　　　　　　　2800

步骤 2：收到押金和租金存入银行时：

借：银行存款　　　　　　　　　　　　　　　　3585
　　贷：其他应付款——存入保证金　　　　　　　3000
　　　　营业外收入　　　　　　　　　　　　　　500
　　　　应交税费——应交增值税（销项税额）　　　85

步骤 3：逾期不能收回包装物，没收押金时：

借：其他应付款——存入保证金　　　　　　　3000.00
　　贷：营业外收入　　　　　　　　　　2564.10［3000÷（1＋17%）］
　　　　应交税费——应交增值税（销项税额）　435.90（2564.10×17%）

如果该包装物是出借给购货单位，账务处理应如何进行？

业务三　委托加工物资

　任务　企业委托加工物资的总分类核算

任务描述

迦南有限责任公司（增值税一般纳税人）发出 C 材料一批，C 材料实际成本为 15000 元，委托乙企业加工成 D 材料（属于应税消费品）。加工费为 5000 元、增值税为 850 元（取得增值税专用发票），另发生运费并取得货物运输业增值税专用发票，发票列示运费为 800 元，增值税为 88 元；代扣代缴的消费税为 4500 元，款项均以银行存款支付。D 材料加工完成收回后继续用于生产应税消费品。D 材料加工完毕验收入库，增值税税率 17%。

任务实施

步骤 1：发出委托加工材料时：

借：委托加工物资——乙企业（D 材料）　　　15000
　　贷：原材料——原料及主要材料（C 材料）　　15000

步骤 2：支付加工费及运费时：

该业务中,甲企业属于增值税一般纳税人,增值税专用发票及货物运输业增值税专用发票中注明的增值税应作为进项税额,不能计入委托加工物资的成本。另外,企业收回的加工物资用于连续生产应税消费品,其缴纳的消费税,应计入"应交税费——应交消费税"科目的借方,也不能计入委托加工物资的成本。企业的账务处理如下:

借:委托加工物资——乙企业(D材料)　　5800
　　应交税费——应交增值税(进项税额)　　938
　　应交税费——应交消费税　　　　　　　4500
　　贷:银行存款　　　　　　　　　　　　　　11238

> 如果企业加工物资收回后直接用于销售,应怎样进行账务处理?

步骤3:加工完成收回委托加工物资时:
借:原材料——原料及主要材料(D材料)　　20800
　　贷:委托加工物资——乙企业(D材料)　　20800

业务四　存货清查

 任务　存货清查的总分类核算

 **任务描述**

迦南公司2014年6月存货清查结果如表2-20所示:

表2-20　存货盘点报告表
2014年6月30日　　　　　　　　　　　　　　　　　　　　仓库:1

存货类别	名称规格	计量单位	数量 账存	数量 实存	单价(元)	盘盈 数量	盘盈 金额	盘亏 数量	盘亏 金额	盈亏原因	备注
原材料——原料及主要材料	A材料	千克	1000	1100	25	100	2500			材料收发计量差错	
	B材料	箱	2200	2000	40			200	8000	管理不善毁损	进项税额1360元,应收过失人张青赔偿300元
	C材料	千克	4500	4000	10			500	5000	自然灾害毁损	应收保险公司赔偿2000元
合计							2500		13000		

盘点人签章:龙鑫　　　　　　　　　会计签章:张倩

任务实施

1. 原材料 A

步骤 1：批准处理前：

借：原材料——原料及主要材料（A 材料）　　2500
　　贷：待处理财产损溢——待处理流动财产损溢　　2500

步骤 2：批准处理后：

借：待处理财产损溢——待处理流动财产损溢　　2500
　　贷：营业外收入——盘盈收益　　2500

2. 原材料 B 和 C

步骤 1：批准处理前：

借：待处理财产损溢——待处理流动财产损溢　　14360
　　贷：原材料——原料及主要材料（B 材料）　　8000
　　　　　　——原料及主要材料（C 材料）　　5000
　　　　应交税费——应交增值税（进项税额转出）　　1360

步骤 2：批准处理后：

借：其他应收款——张青　　300
　　　　　　——保险公司　　2000
　　营业外支出——存货盘亏、毁损、报废损失　　9060
　　　　　　——非常损失　　3000
　　贷：待处理财产损溢——待处理流动财产损溢　　14360

存货盘亏、毁损、报废损失 = 8000 + 1360 – 300 = 9060（元）

存货非常损失 = 5000 – 2000 = 3000（元）

项目三　非流动资产

学习目标：
（1）了解小企业非流动资产包括的主要内容。
（2）掌握小企业固定资产取得、折旧、后续支出、处置的相关理论基础知识、核算和处理方法。
（3）掌握小企业无形资产取得、摊销、后续支出、处置的相关理论基础知识、核算和处理方法。

业务目标：
（1）会设置固定资产相关账簿、进行固定资产初始计量及账务处理。
（2）会用不同的方法计算固定资产折旧及进行账务处理。
（3）会进行固定资产后续支出及处置的账务处理。
（4）会进行无形资产初始计量及账务处理。
（5）会进行无形资产后续支出及处置的账务处理。

第一部分　非流动资产理论基础

一、固定资产

（一）固定资产的概念、内容及分类

1. 固定资产的概念

固定资产指小企业为生产产品、提供劳务、出租或经营管理而持有的，使用寿命超过 1 年的有形资产。

> **小知识**：小企业固定资产的特征：①持有的目的是为生产产品、提供劳务、出租或经营管理服务；②固定资产使用期限较长，一般超过一个会计年度；③具有实物形态。

2. 固定资产的内容及分类

小企业的固定资产包括房屋、建筑物、机器、机械、运输工具、设备、器具、工具等。

由于固定资产种类繁多、规格不一，为加强管理，一般有以下两种分类：

(1) 按经济用途分类 { 生产经营用固定资产 / 非生产经营用固定资产

(2) 按经济用途和使用情况等综合分类 { 生产经营用固定资产 / 非生产经营用固定资产 / 租出固定资产 / 不需用固定资产 / 未使用固定资产 / 土地 / 融资租入固定资产

与土地有关的支出分类如表 3-1 所示。

表 3-1　与土地有关的支出分类

内　容	计入账户
过去已经估价单独入账的土地	固定资产（土地）
因征地而支付的补偿费	固定资产（与土地有关的房屋、建筑物）
取得的土地使用权	无形资产（土地使用权）

(二) 固定资产的账簿设置

固定资产对小企业生产经营意义重大，为如实反映和日常监督固定资产的增减变动情况，小企业应作如下账簿设置：

1. 总分类核算 —— 设置总分类账（财务部门设置）

总分类账反映小企业所有固定资产的期初余额、本期增减变动额和本期期末余额。如表 3-2 所示。

表 3-2　总分类账

账户名称：

年		凭证		摘要	借方									贷方									借或贷	余额								
月	日	字	号		百	十	万	千	百	十	元	角	分	百	十	万	千	百	十	元	角	分		百	十	万	千	百	十	元	角	分

2. 明细分类核算

（1）固定资产卡片（一式三份，分别由主管部门、使用部门、财会部门持有）。如表3-3、表3-4所示。

表3-3　固定资产卡片（正面）

固定资产类别：　　　　　　　固定资产项目编号：　　　　　　　卡片编号：

固定资产项目名称		型号规格			建设单位（制造工厂）	
原值		其中安装费			预计净残值	
建造日期		验收日期			开始使用日期	
年折旧额		年折旧率			月折旧额	
拨入日期		拨入时已使用年限			尚能使用年限	
使用或保管部门变动情况			原价变动情况		附属设备记录	
日期	凭证	使用或保管部门	日期	凭证	增加	减少	名称	规格	单位	数量	金额

表3-4　固定资产卡片（背面）

	计提折旧				大修理完工情况			停工复用记录		
年度	本期提取	累计提取	净值	日期	凭证	摘要	金额	停用日期	停用原因	复用日期
	调出记录			报废清理记录						
调出日期		批准文号		清理原因		清理日期				
调往单位		原值		批准文号		实际使用年限				
安装费		已使用年限		清理费用		变价收入				
备注						建、销卡	日期		经办人	
						建卡				
						销卡				

（2）固定资产登记簿（财会部门设置）。固定该资产登记簿是固定资产的二级账簿，按固定资产类别进行设置、反映：①每一类固定资产的取得方式。②每一类固定资产的期初余额、本期增减变动额、期末余额。如表3-5所示。

表3-5　固定资产登记簿

固定资产类别：

日期		凭证号	摘要	增加							减少					余额
年				外购	自建	改扩建	投资者投入	接受捐赠	盘盈	其他	合计	出售	盘亏	投资转出	毁损	其他	合计	
月	日																	

以上账簿之间的核对关系一般如图 3-1 所示。

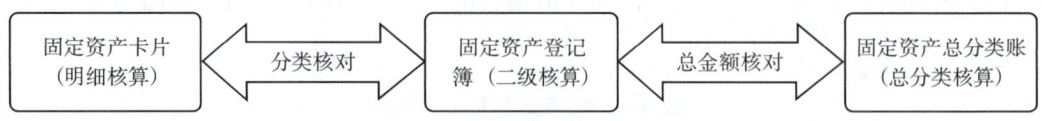

图 3-1　账簿之间的核对关系

3. 固定资产备查簿

企业除自有资产外，还常有经营租入固定资产，这类资产在固定资产相关账簿上不会反映，因此企业还需设置固定资产备查簿来登记企业经营租入固定资产和租金支付情况，一般由企业根据实际需要自行设计格式。

 为保证固定资产的安全完整，企业应定期或不定期进行固定资产清查核对，做到账实相符、账账相符。

（三）固定资产取得的初始计量及主要账务处理

1. 账户设置

小企业取得固定资产时主要设置如下账户：

（1）"固定资产"账户。该账户核算小企业持有固定资产的原价（成本）。借方登记增加的固定资产原价，贷方登记减少的固定资产原价，期末余额在借方，表示企业固定资产的原价。

该账户应按照固定该资产类别和项目设置明细分类账，进行明细分类核算。例如，固定资产——生产经营用固定资产（××）。

（2）"在建工程"账户。该账户核算小企业需要安装的固定资产、固定资产新建工程、改扩建工程等发生的成本。借方登记小企业建造工程过程中发生的各项支出，贷方登记已验收交付使用在建工程成本，期末余额在借方，表示企业尚未完工，或已完工但未办理竣工决算的成本。

该账户按照在建工程项目进行明细核算。例如，在建工程——××工程。

（3）"工程物资"账户。该账户核算企业为在建工程准备的各种物资的成本。借方登记购入工程物资的实际成本，贷方登记领出工程物资的实际成本，期末余额在借方，表示小企业为在建准备的各种物资成本。

该账户按"专用材料"、"专用设备"、"工器具"等进行明细分类核算。例如，工程物资——专用设备。

2. 固定资产取得的初始计量及主要账务处理

> 无论以何种方式取得的固定资产，都应当按照成本进行计量。

（1）外购固定资产。

①初始计量。外购固定资产的初始成本如下：

成本 = 购买价款 + 相关税费 + 运输费 + 装卸费 + 保险费 + 安装费等

不包括按照税法规定可以抵扣的增值税进项税额

> **小知识**：根据税法有关规定，增值税一般纳税人购进（含接受捐赠、实物投资）或自制（含改扩建、安装）固定资产发生的增值税，凭增值税扣税凭证（增值税专用发票、海关进口增值税专用缴款书等）可列为"进项税额"进行抵扣。
>
> 但是，若取得的是房屋、建筑物等不动产发生的增值税则不能列为"进项税额"进行抵扣。

②账务处理。

第一种情况：购入不需安装的固定资产时，账务处理如表3-6所示。

表3-6　购入不需安装的固定资产时的账务处理

购入房屋、建筑物等不动产	购入其他固定资产
借：固定资产 　　贷：银行存款等	借：固定资产 　　应交税费——应交增值税（进项税额） 　　贷：银行存款等

第二种情况：购入直接交付安装的固定资产时，账务处理如下：

◆ 购入设备、支付价税款及运输费时：

借：在建工程——安装设备工程
　　应交税费——应交增值税（进项税额）
　　贷：银行存款等

◆ 安装中，领用生产用材料时：

借：在建工程——安装设备工程
　　贷：原材料

◆ 发生安装工人工资时：

借：在建工程——安装设备工程
  贷：应付职工薪酬

◆ 设备安装完毕，办理竣工结算，交付使用时：

借：固定资产——生产经营用固定资产
  贷：在建工程——安装设备工程

购入需要安装的固定资产，若先入库，再转出安装，账务处理与"自行建造固定资产"一致。

（2）自行建造固定资产。自行建造固定资产的成本如下：

成本＝建造该项资产在竣工决算前发生的支出（含原材料费用、人工费、管理费、相关税费、应予资本化的借款费用等）

第一种情况：自营建造固定资产：

◆ 购入工程物资验收入库时，账务处理如表3-7所示。

表3-7 购入工程物资验收入库时的账务处理

购入建造房屋、建筑物等不动产的工程物资	购入建造其他固定资产的工程物资

借：工程物资
  贷：银行存款等
	借：工程物资
	   应交税费——应交增值税（进项税额）
	  贷：银行存款等

◆ 领用工程物资时：

借：在建工程——建筑工程（××）
  贷：工程物资

◆ 领用企业生产用材料时，账务处理如表3-8所示。

表3-8 领用企业生产用材料时的账务处理

建造房屋、建筑物等不动产	建造其他固定资产

借：在建工程——建筑工程（××）
  贷：原材料
    应交税费——应交增值税（进项税额转出）
	借：在建工程——建筑工程（××）
	  贷：原材料

小知识：企业生产用材料改变用途用于非增值税应税项目（如房屋、建筑物等不动产建造），应将原列示的"进项税额"转出。

◆ 领用企业库存商品时：
借：在建工程——建筑工程（××）
　　贷：库存商品
　　　　应交税费——应交增值税（销项税额）（售价×税率）

小知识：企业自产产品用于非增值税应税项目（如房屋、建筑物等不动产建造），应视同销售计算销项税额，但不需确认收入。

◆ 工程建造中发生的职工薪酬、其他支出等时：
借：在建工程——建筑工程（××）
　　贷：应付职工薪酬、银行存款等
◆ 工程调试运转形成收入时：
借：银行存款等
　　贷：在建工程——建筑工程（××）
　　　　应交税费——应交增值税（销项税额）（售价×税率）
◆ 工程建造发生借款利息时的账务处理如表 3-9 所示。

表 3-9　工程建造发生借款利息时的账务处理

竣工结算前发生	竣工结算后发生
借：在建工程——建筑工程（××） 　　贷：应付利息	借：财务费用 　　贷：应付利息

◆ 盘盈、盘亏、报废、毁损工程物资，减去保险公司、过失人赔偿后余额的账务处理如表 3-10 所示。

表 3-10　盘盈、盘亏、报废、毁损工程物资的账务处理

	竣工结算前发生	竣工结算后发生
盘盈	借：工程物资 　　贷：在建工程——建筑工程（××）	借：原材料 　　贷：营业外收入
盘亏、报废、毁损	借：在建工程——建筑工程（××） 　　贷：工程物资	借：营业外支出 　　贷：原材料

◆ 工程完工，办理竣工结算，交付使用时：
借：固定资产
　　贷：在建工程——建筑工程（××）

 工程完工后,有多余工程物资,如何处理?

第二种情况:出包建造固定资产。

◆ 发生预付工程价款时:

借:预付账款

  贷:银行存款

◆ 按工程进度结算工程款项时:

借:在建工程

  贷:预付账款

    银行存款

◆ 工程完工,补付工程款项,办理竣工结算时:

借:在建工程

  贷:银行存款

借:固定资产

  贷:在建工程

(3)投资者投入固定资产。投资者投入固定资产的成本如下:

成本 = 评估价值 + 相关税费

投资者投入固定资产的账务处理如下:

借:固定资产

  贷:实收资本

    资本公积

 有按税法规定可抵扣的增值税额时,借方列示:应交税费——应交增值税(进项税额)。

(4)融资租入固定资产。融资租入固定资产的成本如下:

成本 = 租赁合同约定的付款总额 + 签订租赁合同过程中发生的相关税费

融资租入固定资产的账务处理见"固定资产租赁"。

(5)盘盈固定资产。盘盈固定资产的成本如下:

成本 = 同类或类似固定资产的市场价格(评估价值)− 估计折旧

盘盈固定资产的账务处理见"固定资产清查"。

(四) 固定资产的折旧

1. 固定资产折旧的概念及影响因素

(1) 固定资产折旧的概念。固定资产折旧是指在固定资产的预计使用年限内,按照确定的方法对"应计折旧额"进行系统分摊。

应计折旧额 = 固定资产的原始价值(原价) – 预计净残值

> **小知识**:固定资产在参与小企业生产经营活动时,虽然长期保持原有实物形态,但却发生有形或无形的损耗,而导致其原始价值逐渐发生损耗而转移到成本费用中去,折旧就是逐渐损耗而转移的那部分价值。未来小企业通过营业收入补偿固定资产发生的折旧。

(2) 影响固定资产折旧的因素。

①固定资产原始价值(原价)。

固定资产原始价值(原价) = 取得固定资产时的入账成本

②预计净残值。预计净残值是目前假定当固定资产预计使用寿命已满,企业从该项资产处置中获得的收入扣除预计处置费用后的余额。

预计净残值 = 处置收入 – 预计处置费用

③预计使用寿命。预计使用寿命指固定资产原始价值逐渐损耗直至为零的寿命期,主要有两种表达方式:

时间:预计使用的会计年度。
工作量:预计生产产品或提供服务的总量。

固定资产的净残值和使用寿命由小企业根据固定资产的性质和损耗方式进行合理的预计。一经确定,不得随意变更。

2. 固定资产计提折旧的范围及时间规定

(1) 计提折旧的固定资产范围。《小企业会计准则》要求小企业所有的固定资产均应计提折旧,但以下两种情况除外:

① 单独计价入账的土地。
② 已提足折旧仍继续使用的固定资产。

什么是"提足折旧"?如果固定资产未到使用年限,但提前报废,还需计提折旧吗?

（2）固定资产折旧期确定原则。固定资产应当按月计提折旧，"算尾不算头"，具体规定如下：

① 当月增加的固定资产，当月不计提，下月开始计提。

② 当月减少的固定资产，当月仍计提折旧，下月停止计提。

3. 固定资产的折旧方法

小企业应当采用年限平均法（直线法）计提折旧，但如果由于技术进步等原因，导致固定资产加速折旧的，可以采用双倍余额递减法和年数总和法。

折旧方法 { 直线法（年限平均法）
　　　　 加速折旧法 { 双倍余额递减法
　　　　　　　　　　 年数总和法

固定资产的折旧方法一经确定，不得随意变更。

4. 固定资产折旧的主要账务处理

（1）账户设置。设置"累计折旧"账户。

（2）核算内容。该账户是固定资产的备抵账户，贷方登记企业按月计提的固定资产折旧，借方登记处置固定资产转出的原计提的折旧，期末余额在贷方，表示企业固定资产的累计折旧额。

该账户可按固定资产的类别和项目进行明细核算，但小企业实际工作中较少涉及该账户明细核算。

（3）主要的账户处理。

① 小企业累计折旧增加。

借：制造费用、管理费用、其他业务成本等
　　贷：累计折旧

固定资产的折旧应按固定资产受益对象（用途）计入相关资产的成本或当期损益。如表3-11所示。

表3-11 小企业累计折旧增加计入的账户

不同用途固定资产发生的折旧	计入账户
自行建造固定资产过程中使用的固定资产	在建工程
基本生产车间使用的固定资产	制造费用
研究开发无形资产的固定资产	研发支出
专设销售机构使用的固定资产	销售费用
管理部门使用的固定资产	管理费用
经营租出的固定资产	其他业务成本

②小企业累计折旧减少。小企业因出售、报废、毁损、对外投资等原因需处置固定资产时,该项固定资产原计提的"累计折旧"应予以转出,具体账务处理见后续"固定资产清理"部分。

(五)固定资产的后续支出

1. 固定资产后续支出情形

小企业的固定资产投入使用后,由于各个组成部分耐用程度不同或者使用条件不同,因而常发生固定该资产的局部损坏。为了保证固定资产的正常运转和使用,充分发挥其使用效能,就会发生必要的后续支出。小企业固定资产的后续支出一般有三种情况:

(1)使用寿命期内(未提足折旧)的固定资产改建支出:是指改变房屋或建筑物结构、延长使用年限等发生的支出。

(2)固定资产日常修理支出:是指固定资产在使用过程中发生的日常修理费。

(3)固定资产大修理支出、已提足折旧的固定资产改建支出、经营租入固定资产改建支出。

小知识:固定资产大修理支出是指修理支出达到取得固定资产时的计税基础50%以上,并且大修理后延长固定资产使用寿命2年以上。

2. 固定资产后续支出的账务处理

(1)使用寿命期内(未提足折旧)的固定资产改建支出。

◆ 转入改建。

借:在建工程(固定资产账面价值)
　　累计折旧(该项资产已计提折旧)
　贷:固定资产(固定资产原价)

固定资产账面价值=固定资产入账成本-该项资产已计提折旧

◆ 改扩建期间发生的业务及竣工处理参见"自行建造固定资产"。

(2)固定资产日常修理支出。

借:制造费用、管理费用等
　贷:银行存款、应付职工薪酬、生产成本等

(3)固定资产大修理支出、已提足折旧的固定资产改建支出、经营租入固定资产改建支出。

◆ 发生时:

借:长期待摊费用

贷：银行存款、原材料等
◆ 在固定资产受益期限内，按月采用"年限平均法"摊销：
借：制造费用、管理费用等
　　贷：长期待摊费用

小知识："长期待摊费用"账户核算小企业已提足折旧的固定资产的改建支出、经营租入固定资产的改建支出、固定资产的大修理支出和其他待摊费用等。该账户借方登记发生的各项长期待摊费用，贷方登记摊销的长期待摊费用，期末余额在借方，表示企业尚未摊销的长期待摊费用。

固定资产日常修理费支出、长期待摊费用的摊销都是按其受益对象计入相关资产成本或当期损益。具体可参见"固定资产折旧"的计入项目。

（六）固定资产的租赁

租赁是在约定的期间内，出租人将固定资产的使用权转让给承租人，以获取租金的行为。小企业固定资产的租赁涉及两种情况：

1. 固定资产经营租赁

（1）经营租赁概念。在经营租赁过程中，出租人自始至终拥有设备所有权，承租人以支付租金为前提使用设备。出租人仅赚取租金，承租人仅使用而不拥有设备，租赁期结束，出租人收回固定资产。

（2）固定资产经营租赁的账务处理。固定资产经营租赁的账务处理如表3-12所示。

表3-12　固定资产经营租赁的账务处理

	出租方（收取租金）	承租方（支付租金）
发生初始直接费用	借：管理费用 　　贷：银行存款等	
交付固定资产	借：固定资产——出租固定资产 　　贷：固定资产——未使用固定资产	不做处理
预付租金	借：银行存款 　　贷：预收账款	借：预付账款 　　贷：银行存款
每年实际发生租金	借：银行存款、预收账款等 　　贷：其他业务收入	借：制造费用等 　　贷：银行存款、预付账款等
每月计提折旧	借：其他业务成本 　　贷：累计折旧	不做处理
租赁业务纳税处理	借：营业税金及附加 　　贷：应交税费——应交营业税	不做处理

2. 固定资产融资租赁

（1）融资租赁的概念。融资租赁是指实质上转移了与资产所有权有关的全部风险和报酬的租赁。一项资产的租赁只要符合以下一项或多项标准，就应当认定为融资租赁：

①租赁期届满时，租赁资产的所有权转移给承租人。

②承租人有购买租赁资产的选择权，所订立的购买价款预计将远低于行使选择权时租赁资产的公允价值，因而在租赁开始日就可以合理确定承租人将会行使选择权。

③租赁期占租赁资产使用寿命的大部分（75%以上）。

④承租人在租赁开始的最低租赁付款额现值，相当于租赁开始日租赁资产公允价值；出租人在租赁开始的最低租赁收款额现值，相当于租赁开始日租赁资产公允价值（≥90%）。

⑤租赁资产性质特殊，如果不作较大改造，只有承租人才能使用。

融资租入的固定资产所有权虽不属于承租人，但根据"实质重于形式"原则，视同自有固定资产进行管理。

（2）融资租入固定资产主要账务处理。

◆ 取得融资租入固定资产时：

借：固定资产——融资租入固定资产
　　贷：长期应付款——××租赁公司（应付租赁款总额）
　　　　银行存款等（相关税费）

◆ 每年支付租金时：

借：长期应付款——××租赁公司
　　贷：银行存款等

◆ 租赁期满，结转固定资产时：

借：固定资产——生产经营用固定资产
　　贷：固定资产——融资租入固定资产

"长期应付款"核算企业除长期借款、应付债券以外的其他各种长期应付款项，偿还期一般长于1年。

小知识：确定融资租赁资产的折旧期间应以租赁合同而定：①租赁期届满时承租人将会取得租赁资产所有权，以租赁期开始日租赁资产的寿命作为折旧期间；②不确定租赁期届满后承租人是否能够取得租赁资产的所有权，应以租赁期与租赁资产寿命两者中较短者作为折旧期间。

（七）固定资产的处置

1. 固定资产处置的原因

小企业在生产经营过程中，一般会因为如下原因处置固定资产：

- 出售转让
- 因磨损、技术进步等原因报废固定资产
- 因自然灾害、管理不善等原因对毁损固定资产进行处理
- 对外投资

2. 固定资产处置的主要账务处理

（1）账户设置。设置"固定资产清理"账户。

（2）核算内容。该账户借方登记转入清理的固定资产账面价值和发生的清理费用及有关税费，贷方登记清理固定资产的变价收入和应由保险公司或过失人承担的损失。清理业务结束，应将该账户余额转入当期损益，结转后，"固定资产清理"账户无余额。

本账户可按照被清理的固定资产进行明细核算。

> 固定资产发生毁损通过"固定资产清理"账户处理，存货发生毁损要通过"待处理财产损溢"账户进行处理。

（3）固定资产清理的主要账务处理。

◆ 固定资产转入清理时：

借：固定资产清理（固定资产账面价值）
　　累计折旧（该项资产原已计提的累计折旧）
　贷：固定资产（固定资产原价）

固定资产账面价值如何计算？

◆ 按税法规定不得抵扣的进项税额：

借：固定资产清理
　贷：应交税费——应交增值税（进项税额转出）

哪些固定资产清理涉及"进项税额转出"？

◆ 发生清理费用时：

借：固定资产清理
　贷：银行存款等

◆ 有保险公司、过失人赔偿时：

借：其他应收款、银行存款等

　　贷：固定资产清理

◆ 回收残料或取得残料变价收入时：

借：原材料、银行存款等

　　贷：固定资产清理

◆ 清理结束后损益结转时：

净损失结转：

借：营业外支出

　　贷：固定资产清理

净收益结转：

借：固定资产清理

　　贷：营业外收入

> **小知识**：固定资产处置时要注意：
>
> （1）机器设备等动产报废、毁损处理，原已作"进项税额"列支的要作"进项税额转出"。
>
> （2）机器设备等动产若是出售、对外投资按税法规定计算缴纳增值税。
>
> （3）房屋、建筑物等不动产转让出售时要缴纳营业税。

（八）固定资产清查

1. 固定资产清查的目的和方法

（1）清查目的。保证固定资产账实相符、安全完整。

（2）清查方法。固定资产清查采用实地盘点法。若账实不符应编制"固定资产盘点报告表"。

⎧ 每年编制年度财务会计报告前，全面清查。（定期）
⎩ 平时，根据需要进行局部清查。（不定期）

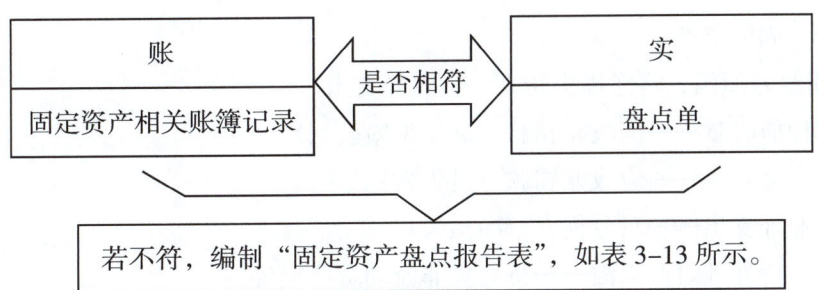

表 3–13　固定资产盘点报告表

使用部门　　　　　　　　　　　　　　年　　月　　日

财产编号	固定资产			单位	固定资产卡片数量	盘点数量	盘盈			盘亏			备注
	名称	规格	厂牌				数量	评估价值	累计折旧	数量	原值	已提折旧	
合计													

盘点人：　　　　　　　　　会点人：　　　　　　　　　制单人：

处理意见	审批部门	清查小组	使用保管部门

2. 固定资产清查核算的账户设置（参见存货清查部分）

3. 固定资产清查的主要账务处理

（1）盘盈固定资产。

◆ 盘盈时调整固定资产账面余额：

借：固定资产
　　贷：待处理财产损溢——待处理非流动资产损溢

 盘盈固定资产的入账成本＝同类或类似固定资产的市场价格（评估价值）–估计折旧

◆ 按规定报批后：

借：待处理财产损溢——待处理非流动资产损溢
　　贷：营业外收入——盘盈收益

（2）盘亏固定资产。

◆ 盘亏时注销该项固定资产的原始价值（入账成本）和原已计提的折旧额。

借：待处理财产损溢——待处理非流动资产损溢
　　累计折旧
　　贷：固定资产

◆ 查明盘亏原因，将净损失转入"营业外支出"。

借：其他应收款——应收赔罚款（××保险公司）
　　　　　　　　——应收赔罚款（过失人）
　　营业外支出——盘亏损失（净损失）
　　贷：待处理财产损溢——待处理非流动资产损溢

小企业中,财产(货币资金、存货、固定资产等)清查都是通过"待处理财产损溢"账户进行处理。

二、无形资产

(一)无形资产的概念及内容

1. 无形资产的概念

无形资产是小企业为生产产品、提供劳务、出租或经营管理而持有的、没有实物形态的可辨认非货币性资产。

小知识:无形资产的基本特征:

(1)不具有实物形态。

(2)具有可辨性(可辨性是指无形资产来源于合同性权利或其他法定权利;能够从小企业分离或划分,以便能单独出售或转让)。

(3)属于非货币性资产(非货币性主要是指不能转化为固定或可确定的金额)。

2. 无形资产的内容及分类

小企业的无形资产主要包括:

(1)土地使用权。土地使用权是指国家准许某企业在一定期间内对国有土地享有开发、利用、经营的权利。

有偿取得的土地使用权才能作为无形资产。

土地使用权与房屋建筑物一体时,账务处理如表3-14所示。

表3-14 土地使用权与房屋建筑物一体时的账务处理

业务事项	处理规定
小企业利用土地使用权自行开发厂房等建筑物	厂房等建筑物 → 固定资产 土地使用权 → 无形资产
小企业外购房屋等建筑物,实际支付价款包含土地和建筑物全部价值的	若建筑物和土地使用权之间能合理进行分配: 建筑物 → 固定资产;土地使用权 → 无形资产 若建筑物和土地使用权之间不能合理进行分配,则全部价值→固定资产

（2）特许经营权。特许经营权是指企业在某一地区经营或销售某种特定商品的权利或是一家企业接受另一家企业使用其商标、商号、技术秘密等的权利。例如，连锁店的分店使用总店的名称。

（3）专利权。专利权是指国家专利主管机关依法授予发明创造专利申请人、对其发表创造在法定期限内所享有的专有权利。例如，发明专利权。

（4）商标权。商标权是指专门在某类指定的商品或产品上使用特定的名称或图案的权利。

（5）著作权。著作权又称版权，是指作者对其创作的文学、科学和艺术作品依法享有的某些特殊权利。

（6）非专利技术。非专利技术也称专有技术，是指不为外界所知、在生产经营活动中已采用了的、不享有法律保护的、可以带来经济效益的各种技术和诀窍。例如，工业生产专有技术。

（二）无形资产取得的计量及主要账务处理

1. 无形资产取得时的账户设置

（1）"无形资产"账户。该账户核算企业持有的无形资产成本。借方登记取得无形资产的入账成本，贷方登记处置转出无形资产的成本，期末余额在借方，表示企业无形资产的成本。

该账户应按无形资产项目设置明细账，进行明细分类核算。

（2）"研发支出"账户。该账户核算企业自行研究开发无形资产项目发生的各项支出。借方登记自行研究开发无形资产发生的研发支出，贷方登记：①研发项目形成无形资产转出的资本化支出。②按期转出的研发项目的费用化支出。期末余额在借方，表示企业正在进行研究开发项目中满足资本化条件的支出。

该账户按研究开发项目，设置"费用化支出"和"资本化支出"两个明细账户进行明细分类核算。例如，研发支出——费用化支出（××项目）

"研发支出"账户属于哪类账户？

2. 无形资产取得的初始计量及主要账务处理

无论以何种方式取得的无形资产，都应当按照成本进行计量。

（1）外购无形资产。
①初始计量：
成本＝购买价款＋相关税费＋相关的其他支出

②账务处理：

借：无形资产
　　贷：银行存款等

（2）自行研发的无形资产。

①初始计量。自行研发的无形资产分为研究和开发两个阶段，相应支出的具体规定如表3-15所示。

表3-15　自行研发无形资产的初始计量

自行研发无形资产的阶段		支出规定	计入账户
研究阶段		费用化	管理费用
开发阶段	不符合资本化条件	费用化	
	符合资本化条件的	资本化	无形资产

 达到预定用途后发生的支出全部费用化，计入当期损益（管理费用）。

自行研发的无形资产的成本如下：

成本 = 符合资本化条件后至达到预定用途前发生的支出（含相关的借款费用）

②账务处理。

◆ 研究过程发生的支出、开发阶段不符合资本化条件的支出：

借：研发支出——费用化支出
　　贷：原材料、应付职工薪酬、银行存款等

◆ 开发阶段符合资本化条件的：

借：研发支出——资本化支出
　　贷：原材料、应付职工薪酬、银行存款等

◆ 期末，要将本期归集的费用化支出转入当期损益：

借：管理费用
　　贷：研发支出——费用化支出

◆ 开发达到预定用途形成无形资产：

借：无形资产
　　贷：研发支出——资本化支出

（3）投资者投入的无形资产。

①初始计量。

成本 = 评估价值 + 相关税费

②账务处理。

借：无形资产

  贷：实收资本
    资本公积

（4）接受捐赠的无形资产。

①初始计量。

成本＝按规定确定的价值＋相关税费

②账务处理。

借：无形资产
  贷：营业外收入
    银行存款等

（三）无形资产的摊销

1. 无形资产摊销的概念

无形资产通常有一定的有效期限，无形资产的摊销是指在无形资产的预计使用寿命内，按照年限平均法对"应摊销额"进行系统分摊。

应摊销额＝无形资产的入账价值（成本）

小知识：无形资产没有实物形态，在有效期结束后，残值通常为0，所以无形资产的应摊销额就是其入账价值（成本）。

2. 无形资产摊销的基本要求

（1）应摊销的无形资产范围：所有无形资产。

（2）无形资产的摊销方法：年限平均法。

 固定资产计提折旧的方法有哪些？

（3）无形资产摊销期确定原则。固定资产应当按月进行摊销，"算头不算尾"，具体规定如下：

① 当月增加的无形资产，当月开始摊销。

② 当月减少的无形资产，当月停止摊销。

 无形资产摊销时间规定与固定资产折旧时间规定有什么区别？

（4）无形资产摊销期的具体确定：

{ 与法律规定或合同约定的：按规定或约定的使用年限。
 不能可靠估计无形资产使用寿命的：摊销期 ≥ 10 年。

3. 无形资产摊销的账务处理

（1）账户设置。设置"累计摊销"账户。

（2）核算内容。该账户是无形资产的备抵账户，贷方登记企业按月计提的无形资产摊销，借方登记处置无形资产转出的原计提的摊销额，期末余额在贷方，表示企业无形资产的累计摊销额。

该账户可按无形资产项目进行明细核算，但小企业实际工作中较少涉及该账户明细核算。

（3）主要账户处理。

①小企业累计摊销增加。

借：制造费用、管理费用、其他业务成本等
　　贷：累计摊销

无形资产的摊销额应按无形资产的受益对象（用途）计入相关资产的成本或当期损益。如表 3-16 所示。

表 3-16　无形资产摊销应计入的账户

不同用途无形资产发生的摊销	计入账户
建造固定资产过程中使用的	在建工程
研究另一项无形资产而使用的	研发支出
生产产品使用的无形资产	制造费用
管理部门使用的	管理费用
经营租出的	其他业务成本

②小企业累计摊销减少。小企业因出售、报废、对外投资等原因需处置无形资产时，该项无形资产原计提的"累计摊销"应予以转出，具体账务处理见后续"无形资产处置"部分。

（四）无形资产的出租

无形资产出租是出租人将无形资产的使用权转让给承租人，以获取租金的行为。小企业无形资产出租的主要账务处理，如表 3-17 所示。

表 3-17　无形资产出租的主要账务处理

	出租方（收取租金）	承租方（支付租金）
预付租金	借：银行存款 　　贷：预收账款	借：预付账款 　　贷：银行存款
租金	借：银行存款、预收账款等 　　贷：其他业务收入	借：管理费用等 　　贷：银行存款、预付账款等
每月计提摊销	借：其他业务成本 　　贷：累计摊销	不做处理

续表

	出租方（收取租金）	承租方（支付租金）
发生相关支出	借：其他业务成本 　　贷：银行存款等	借：管理费用等 　　贷：银行存款等
租赁业务纳税处理	借：营业税金及附加 　　贷：应交税费——应交营业税	不做处理

（五）无形资产的处置

1. 无形资产处置的原因

小企业在生产经营过程中，一般会因为如下原因对外处置无形资产：

$$\left\{\begin{array}{l}\text{出售转让}\\\text{因技术、法律、经济等原因报废无形资产}\\\text{对外投资}\end{array}\right.$$

2. 无形资产处置的主要账务处理

（1）出售转让。

借：银行存款（转让收入）

　　累计摊销（原计提的摊销）

　　营业外支出（净损失）

　　贷：无形资产（成本）

　　　　应交税费——应交营业税等

　　　　营业外收入（净收益）

 无形资产账面价值＝无形资产入账成本－该项资产已计提的摊销

（2）无形资产报废。

借：营业外支出

　　累计摊销

　　贷：无形资产

第二部分　非流动资产业务实施

业务一　固定资产

 **任务 1　购入不需安装固定资产的账务处理**

任务描述

迦南公司购入一台不需要安装的检测仪,增值税专用发票上注明设备价款为 100000 元,增值税为 17000 元;运输设备发生运费并取得货物运输业增值税专用发票,发票列示运费为 1000 元,增值税为 110 元。款项已通过银行存款支付,另以现金支付装卸费 260 元。

任务实施

步骤 1:计算外购不需安装设备的入账成本:

成本 = 购买价款 + 相关税费 + 运输费 + 装卸费 + 保险费 + 安装费等
　　 = 100000 + 1000 + 260 = 101260(元)

步骤 2:编制会计分录,填制记账凭证。

借:固定资产——生产经营用固定资产　　　101260
　　应交税费——应交增值税(进项税额)　　17110
　　贷:银行存款　　　　　　　　　　　　　118110
　　　　库存现金　　　　　　　　　　　　　260

 **任务 2　购入需要安装固定资产的账务处理**

任务描述

迦南公司购入一台需要安装的设备,取得增值税专用发票上注明设备价款为 120000 元,增值税为 20400 元,取得运输业普通发票,注明运杂费为 500 元,款项以银行存款支付。安装结束,另以银行存款支付安装费为 1500 元。

任务实施

步骤 1:购入需安装的设备,先将采购阶段支出计入"在建工程"。

采购阶段支出 = 120000 + 500 = 120500(元)

借:在建工程——安装设备工程　　　　　　120500
　　应交税费——应交增值税(进项税额)　　20400

贷：银行存款　　　　　　　　　　　　　140900

步骤2：支付安装费。

借：在建工程——安装设备工程　　　　　1500
　　贷：银行存款　　　　　　　　　　　1500

步骤3：安装完毕、办理竣工决算，设备交付使用。

借：固定资产——生产经营用固定资产　　122000
　　贷：在建工程——安装设备工程　　　122000

 **任务3　自营建造固定资产的账务处理**

任务描述

迦南公司于2014年6月自行建造一条生产线，发生如下业务：①购入工程物资一批，增值税专用发票列示价款为300000元，增值税为51000元，款项以银行存款支付，全部为建造工程所用；②建造过程中领用生产用原材料一批，账面余额为10000元，购进该批原材料时支付增值税1700元；③发生工程人员工资23450元；④领用企业自产甲产品一批，成本为18000元，售价为20000元；⑤试生产取得不含税收入5000元，存入银行；⑥月底，工程完工进行竣工结算，交付使用。

任务实施

步骤1：购入工程物资，验收入库：

借：工程物资　　　　　　　　　　　　　　300000
　　应交税费——应交增值税（进项税额）　51000
　　贷：银行存款　　　　　　　　　　　　351000

步骤2：领用工程物资：

借：在建工程——建筑工程（生产线）　　　300000
　　贷：工程物资　　　　　　　　　　　　300000

步骤3：领用生产用原材料：

借：在建工程——建筑工程（生产线）　　　10000
　　贷：原材料　　　　　　　　　　　　　10000

步骤4：结转建筑工人工资：

借：在建工程——建筑工程（生产线）　　　23450
　　贷：应付职工薪酬　　　　　　　　　　23450

步骤5：领用企业自产甲产品：

借：在建工程——建筑工程（生产线）　　　21400
　　贷：库存商品　　　　　　　　　　　　18000
　　　　应交税费——应交增值税（销项税额）3400

企业自产产品用于非增值税应税项目,视同销售,计算缴纳增值税,但不需确认收入。

步骤6:试生产取得收入:
借:银行存款   5850
    贷:在建工程——建筑工程(生产线)   5000
        应交税费——应交增值税(销项税额)   850

在建工程试运转过程形成产品取得收入,冲减在建工程成本。

步骤7:工程完工、办理竣工结算、结转在建工程。
固定资产入账成本 = 建造该项资产在竣工决算前发生的支出
             = 300000 + 10000 + 23450 + 21400 − 5000 = 349850(元)
借:固定资产——生产经营用固定资产   349850
    贷:在建工程——建筑工程(生产线)   349850

动动手

若上述资料中迦南公司自行建设的是厂房,其他条件不变,完成以下步骤的账务处理:

步骤1:购入工程物资,验收入库:

步骤2:领用生产用原材料:

任务4 固定资产折旧的计算

任务描述

迦南公司一项固定资产的入账成本(原价)是50000元,预计使用年限为5年,预计净残值为2000元,请用年限平均法、双倍余额递减法、年数总和法分别计算该项资产每年(月)应计提的折旧额。

任务实施

1. 年限平均法

年限平均法也称直线法(直线折旧法里的一种),是将固定资产的应计折旧额均衡地分摊到固定资产预计使用寿命内。该方法的计算公式有：

$$年折旧额 = \frac{应计折旧额}{预计使用寿命年} = \frac{固定资产原价 - 预计净残值}{预计使用寿命（年）}$$

$$= \frac{固定资产原价 \times (1 - 预计净残值率)}{预计使用寿命（年）}$$

$$年折旧率 = \frac{年折旧额}{固定资产原价} \times 100\%$$

$$月折旧额 = \frac{年折旧额}{12}$$

$$月折旧率 = \frac{年折旧率}{12}$$

 "应计折旧额"是什么，如何计算？

本任务中：$年折旧额 = \frac{50000 - 2000}{5} = 9600$（元）

$年折旧率 = \frac{9600}{50000} \times 100\% = 19.2\%$

$月折旧额 = \frac{9600}{12} = 800$（元）

$月折旧率 = \frac{19.2\%}{12} = 1.6\%$

 "年限平均法"有多种计算公式，最重要的是掌握其特点，即该种方法下计算的每期折旧额（率）均相等。

小知识：工作中，如果已知"净残值率"，还有如下计算公式：

$$年折旧率 = \frac{1 - 预计净残值率}{预计使用寿命（年）} \times 100\%$$

$$年折旧额 = 固定资产原价 \times 年折旧率$$

$$月折旧率 = \frac{1 - 预计净残值率}{预计使用寿命（月）} \times 100\%$$

$$月折旧额 = 固定资产原价 \times 月折旧率$$

2. 双倍余额递减法

（1）在前"n-2"年（n是预计使用寿命），不考虑固定资产预计净残值，用固定资产原价减去已计提累计折旧后的金额，和双倍的直线法（年限平均法）的折旧率计算折旧。

$$年折旧率 = \frac{2}{预计使用寿命（月）} \times 100\%$$

年折旧额 = 固定资产本期期初账面净值 × 年折旧率

$$月折旧率 = \frac{年折旧率}{12}$$

月折旧额 = 固定资产本期期初账面净值 × 月折旧率

（2）在折旧期的最后两年，用固定资产净值扣除预计净残值后的余额平均摊销（即后两年改用年限平均法）。

$$年折旧额 = \frac{固定资产账面净值}{2} = \frac{固定资产原价 - 已计提折旧}{2}$$

双倍余额递减法各年折旧额如表 3-18 所示。

表 3-18　各年折旧额计算表（双倍余额递减法）

金额单位：元

时间	年初账面净值	年折旧率	年折旧额	累计折旧	年末账面净值
前(n-2)年 n=5　第 1 年	50000	$\frac{2}{5} \times 100\% = 40\%$	50000 × 40% = 20000	20000	(50000 - 20000) = 30000
第 2 年	30000	$\frac{2}{5} \times 100\% = 40\%$	30000 × 40% = 12000	32000	(50000 - 32000) = 18000
第 3 年	18000	$\frac{2}{5} \times 100\% = 40\%$	18000 × 40% = 7200	39200	(50000 - 39200) = 10800
第 4 年	10800	—	(10800 - 2000) ÷ 2 = 4400	43600	(50000 - 43600) = 6400
第 5 年	6400	—	(10800 - 2000) ÷ 2 = 4400	48000	(50000 - 48000) = 2000

3. 年数总和法

年数总和法又称年限合计法，是指将固定资产的原价减去预计净残值后的余额乘以一个逐年递减的年折旧率（尚可使用寿命为分子、以预计使用寿命逐年数字之和为分母）计算出每年的折旧额。

$$年折旧率 = \frac{尚可使用年限}{预计使用寿命的年数总和}$$

年折旧额 = (固定资产原值 - 预计净残值) × 年折旧率

$$月折旧率 = \frac{年折旧率}{12}$$

月折旧额 = (固定资产原值 - 预计净残值) × 月折旧率

"年数总和法"的折旧率逐年递减。

年数总和法各年折旧额如表 3-19 所示。

表 3-19 各年折旧额计算表（年数总和法）

金额单位：元

时间	原价－预计净残值①	尚可使用年限②	预计使用年限年数总和③	年折旧率④＝②÷③	年折旧额⑤＝①④	累计折旧	年末账面净值＝原价－已计提折旧
第1年	50000－2000＝48000	5	1+2+3+4+5=15	5/15	16000	16000	34000
第2年	48000	4	15	4/15	12800	28800	21200
第3年	48000	3	15	3/15	9600	38400	11600
第4年	48000	2	15	2/15	6400	44800	5200
第5年	48000	1	15	1/15	3200	48000	2000

直线法（年限平均法）和加速折旧法（双倍余额递减法、年数总和法）的特点和区别？

小知识：固定资产直线折旧法中还有一种方法叫"工作量法"。工作量法是根据固定资产实际工作量计提固定资产折旧额的一种方法。计算过程如下：

①单位工作量=（固定资产原值－预计净残值）÷预计总工作量

②月折旧额=月实际工作量×单位工作量

任务5 固定资产折旧账务处理

任务描述

迦南公司 2014 年 8 月固定资产折旧如表 3-20 所示。

表 3-20 固定资产折旧计算表

2014 年 8 月 31 日

固定资产使用部门	固定资产原值	应计提折旧额	月折旧率	月折旧额
生产车间	略	略	略	120000
行政管理部门				28500
销售部门				87000
经营性租出固定资产				5000
合计				240500

任务实施

借：制造费用　　　　　　　　　　　　　120000

　　管理费用　　　　　　　　　　　　　28500

　　销售费用　　　　　　　　　　　　　87000

其他业务成本   5000
    贷：累计折旧   240500

 **任务6 固定资产改造账务处理**

任务描述

迦南公司有一条半手工生产线，原建造成本为480000元，预计使用寿命8年，已使用3年，累计计提折旧180000元，由于产品市场前景好，现有生产线的生产能力难以满足发展需要，公司决定进行改造使其成为全自动生产线，改造工程共耗时5个月，改造期间领用工程物资100000元，该批工程物资原列支增值税进项税额17000元；发生其他工程支出200000元，以银行存款支出；回收残料验收入库，价值6000元；改造完毕，办理竣工决算，交付生产车间，预计改造好的生产线可使用6年。

任务实施

步骤1：将生产线转为改造工程。

借：在建工程——生产线改造工程   300000
    累计折旧   180000
    贷：固定资产——生产经营用固定资产   480000

 转入"在建工程"的是原固定资产在转入时的账面净值。

步骤2：改造期间领用工程物资。

借：在建工程——生产线改造工程   100000
    贷：工程物资   100000

若是不动产改造，上述步骤2的账务处理：

步骤3：以银行存款支付其他工程支出。

借：在建工程——生产线改造工程   200000
    贷：银行存款   200000

步骤4：回收残料。

借：原材料   6000
    贷：在建工程——生产线改造工程   6000

步骤5：改造完毕，办理竣工决算，交付使用。

借：固定资产　　　　　　　　　　　　　　　594000
　　贷：固定资产——生产经营用固定资产　　594000

若改造后的固定资产预计净残值为6000元，采用年限平均法，则每年计提折旧是多少？

任务7　固定资产日常修理账务处理

任务描述

迦南公司对一批房屋进行日常维修，以银行存款支付维修费9000元，该批房屋由管理部门和专设销售机构共同拥有（其中，管理部门占2/3，专设销售机构占1/3）；同时对一批生产设备进行日常维修，修理中领用生产用材料一批，价值8000元，支付维修人员工资为7000元。

任务实施

1. 房屋日常维修处理

步骤1：由于房屋是管理部门和专设销售机构共有，计算各自承担的维修费。

管理部门分摊：$9000 \times \dfrac{2}{3} = 6000$（元）

专设销售机构分摊：$9000 \times \dfrac{1}{3} = 3000$（元）

步骤2：账务处理。

借：管理费用　　　　　　　　　　6000
　　销售费用　　　　　　　　　　3000
　　贷：银行存款　　　　　　　　　　　　9000

2. 生产设备日常维修

若生产设备属于生产车间使用，账务处理如下：

借：制造费用　　　　　　　　　　15000
　　贷：原材料　　　　　　　　　　　　　8000
　　　　应付职工薪酬　　　　　　　　　　7000

动动手

若上述对生产设备进行的是大修理，修理后受益期是3年，则账务处理是：
① 发生大修理支出：

② 在受益期内，按月分摊：

 **任务8　固定资产经营租赁账务处理**

任务描述

迦南公司从中联公司租入一台生产用设备，租期为 2 年，该设备账面原价为 6030000 元，预计使用年限为 20 年，预计净残值为 30000 元，采用年限平均法计提折旧。迦南公司租入时，以银行存款支付订立合同等相关直接费用 1000 元，租赁合同约定租金共 480000 元，均每年年初支付。

任务实施

1. 迦南公司（承租方）的账务处理

步骤 1：接受设备，由于是经营性租赁，做备查登记，不需做账务处理。

步骤 2：支付相关直接费用时：

借：管理费用	1000
贷：银行存款	1000

步骤 3：每年预付租金时：

借：预付账款——中联公司（预付经营性租赁租金）	240000
贷：银行存款	240000

步骤 4：按月摊销租金时：

借：制造费用	20000
贷：预付账款——中联公司（预付经营性租赁租金）	20000

2. 中联公司（出租方）的账务处理

步骤 1：出租固定资产，移交设备时：

借：固定资产——出租固定资产	6030000
贷：固定资产——未使用固定资产	6030000

步骤 2：每年年初取得收入，存入银行：

借：银行存款	240000
贷：预收账款——迦南公司（预收经营性租赁租金）	240000

步骤 3：按月确认收入，结转成本：

借：预收账款——迦南公司（预收经营性租赁租金）	20000
贷：其他业务收入	20000
借：其他业务成本	25000
贷：累计折旧	25000

该项固定资产的月折旧额如何计算？

若中联公司按月缴纳营业税 1000 元，账务处理为：

任务9　固定资产报废的账务处理

任务描述

①迦南公司 2014 年 9 月报废一台机床，办理报废手续，"固定资产报废单"如表 3-21 所示；②报废过程中以现金支付清理费用 80 元；③残料变价收入 700 元，取得转账支票一张。

表 3-21　固定资产报废单

单位：迦南公司　　　　　　　　　　2014 年 9 月 12 日

使用部门	设备编号	XZ0432	开始使用日期	2012 年 8 月
	设备名称	机床	预计使用年限	6 年
	原值	12000 元	已使用年限	4 年
	预计净残值		使用部门	生产一车间
使用部门	设备现状及报废原因	设备主要部件损坏，更换花费过大		设备员：李力
	部门意见	建议报废		主管：黄军
主管部门	负责人意见	同意报废		部门责任人：赵强
	报废意见	按会计制度的有关规定进行处理		
企业负责人意见		同意报废		负责人：王平
财务部	折旧	8000 元	账面净值	4000 元
	意见	同意报废，按会计制度相关规定固定资产清理损失作"营业外支出"处理。		财务主管：丁山

步骤 1：固定资产转出清理。

借：固定资产清理　　　　　　　　　　　　4000
　　累计折旧　　　　　　　　　　　　　　8000
　　贷：固定资产　　　　　　　　　　　　　　　12000

步骤 2：发生清理费用。

借：固定资产清理　　　　　　　　　　　　　　80
　　贷：库存现金　　　　　　　　　　　　　　80

步骤3：取得残料变价收入。

借：银行存款　　　　　　　　　　　　　　　700
　　贷：固定资产清理　　　　　　　　　　　700

步骤4：清理完毕，结转清理净损失。

借：营业外支出——处置非流动资产损失　3380
　　贷：固定资产清理　　　　　　　　　　3380

**任务10　盘盈固定资产账务处理**

任务描述

迦南公司在财产清查中发现盘盈小型检测仪一台；盘点报告如表3-22所示。

表3-22　固定资产盘点报告表

使用部门：生产三车间　　　2014年9月28日

财产编号	固定资产			单位	固定资产卡片数量	盘点数量	盘盈			盘亏			备注
	名称	规格	厂牌				数量	评估价值	累计折旧	数量	原值	已提折旧	
GL018	检测仪	MN		台	9	10	1	3000	1000				
合计							1	3000	1000				
盘点人：刘艺						会点人：王东					制单人：于霞		
处理意见	审批部门				清查小组					使用保管部门			
	按会计制度作盘盈资产进行处理　　组长：赵强				情况属实　　　　　　　　　组长：李丽					盘盈增加检测仪一台　　　　组长：胡东			

任务实施

步骤1：发现盘盈。

借：固定资产——生产经营用固定资产　　2000
　　贷：待处理财产损溢——待处理非流动资产损溢　　2000

步骤2：按规定程序批注后处理。

借：待处理财产损溢——待处理非流动资产损溢　　2000
　　贷：营业外收入——盘盈收益　　　　　　2000

盘盈固定资产入账成本是以同类或类似固定资产的市场价值或评估价值扣除对该项固定资产估计折旧后的余额。

 上述任务中若是盘亏检测仪,账务处理如何进行?

业务二　无形资产

 **任务1　自行研发无形资产账务处理**

任务描述

迦南公司研究开发一项自用的产品生产新技术,研究过程中领用原材料10000元,发生人工费5000元,以银行存款支付其他相关费用6000元。该项目研究取得成功,进入开发阶段,开发阶段领用原材料2000元,人工费8000元,应负担固定资产折旧费4000元,以银行存款支付其他相关费用9000元,经确认开发阶段符合资本化条件的金额是20000元。

任务实施

步骤1:研究阶段发生支出全部费用化。

借:研发支出——费用化支出　　　　　21000
　　贷:原材料　　　　　　　　　　　10000
　　　　应付职工薪酬　　　　　　　　5000
　　　　银行存款　　　　　　　　　　6000

步骤2:开发阶段符合条件的资本化,不符合条件的费用化。

借:研发支出——资本化支出　　　　　20000
　　　　　　——费用化支出　　　　　3000
　　贷:原材料　　　　　　　　　　　2000
　　　　应付职工薪酬　　　　　　　　8000
　　　　累计折旧　　　　　　　　　　4000
　　　　银行存款　　　　　　　　　　9000

 开发阶段总共发生支出23000元(2000+8000+4000+9000),其中符合资本化条件的是20000元,其余费用化。

步骤3：期末结转费用支出。

借：管理费用　　　　　　　　　　　　　　24000
　　贷：研发支出——费用化支出　　　　　　24000

步骤4：研发成功后达到预定可使用状态，结转无形资产成本。

借：无形资产——非专利技术　　　　　　　20000
　　贷：研发支出——资本化支出　　　　　　20000

> **小知识**：企业所得税法为鼓励企业自主创新对无形资产研发给予了加计扣除的优惠政策，计算企业所得税时：
> （1）研究开发支出未形成无形资产计入当期损益的，按照研究开发费用的50%加计扣除。
> （2）形成无形资产的，按照无形资产成本的150%摊销。

任务2　无形资产取得综合账务处理

任务描述

为拓展公司发展，迦南公司发生如下业务：①在经济新区购入一幢房产（包括土地使用权），共支付价款5000000元，经评估，该项建筑物与占用的土地使用权价值比例为2∶3；②购入一项专利技术，支付买价30000元，发生测试费600元；③与长江公司达成协议，接受长江公司以商标权进行投资，评估价值为1200000元，占企业注册资本1000000元；④接受发达地区某科研机构捐赠一项环保非专利技术，确认价值为50000元，以银行存款支付相关费用2000元。

任务实施

1. 购入房产（含土地使用权）

步骤1：将实际支付的价款在建筑物和土地使用权之间分配。

建筑物的入账成本 = $5000000 \times \dfrac{2}{5}$ = 2000000（元）

土地使用权的入账成本 = $5000000 \times \dfrac{3}{5}$ = 3000000（元）

步骤2：账务处理。

借：固定资产——生产经营用固定资产　　　2000000
　　无形资产——土地使用权　　　　　　　3000000
　　贷：银行存款　　　　　　　　　　　　5000000

> 如果购入房产（含土地使用权）无法在建筑物和土地使用权之间合理分配，则全部价值计入固定资产。

2. 购入专利技术

步骤1：计算入账成本：

步骤2：账务处理：

3. 接受投资

接受长江公司投入商标权1000000元，评估价为1200000元。

借：无形资产——商标权　　　　　　　　1200000
　　贷：实收资本——长江公司　　　　　　　1000000
　　　　资本公积　　　　　　　　　　　　　 200000

4. 接受捐赠

接受费专利技术捐赠

借：无形资产——非专利技术　　　　　　52000
　　贷：营业外收入——捐赠收益　　　　　　50000
　　　　银行存款　　　　　　　　　　　　　2000

 任务3　无形资产摊销账务处理

任务描述

迦南2014年9月无形资产摊销情况如表3-23所示。

表3-23　无形资产摊销计算表
2014年9月30日

项目	使用部门	入账价值	摊销期限	月摊销额
土地使用权	行政管理	3000000	略	12500
商标权	行政管理	1500000		12500
专利权	生产车间	30600		500
非专利技术	生产车间	72000		1000
合计				26500

任务实施

本月无形资产摊销账务处理如下：

借：管理费用——无形资产摊销	25000
制造费用	1500
贷：累计摊销——土地使用权	12500
——商标权	12500
——专利权	500
——非专利技术	1000

 **任务4　无形资产出租账务处理**

任务描述

迦南公司2014年10月将商标权出租给利达公司，按合同规定本月取得租金收入30000元，已存入银行，该项无形资产按月应摊销12500元，此项业务当月应缴纳营业税1200元。

任务实施

步骤1：取得出租收入时：

借：银行存款	30000
贷：其他业务收入	30000

步骤2：结转应摊销额时：

借：其他业务成本	12500
贷：累计摊销	12500

步骤3：结转应缴纳营业税时：

借：营业税金及附加	1200
贷：应交税费——应交营业税	1200

 若发生与无形资产出租相关的其他支出500元，应如何账务处理？

 任务5　无形资产处置账务处理

任务描述

迦南公司2014年12月拟将专利权出售，该专利权账面成本为30600元，累计摊销金额为1500元，取得收入40000元存入银行；自行研发的一项专利由于技术进步丧失价值，不能为企业带来经济利益，经批准予以报废，该项专利账面成本为20000元，累计摊销12000元。

任务实施

1. 出售专利权

借：银行存款 40000
　　累计摊销 1500
　　贷：无形资产 30600
　　　　营业外收入 10900

2. 报废无形资产

借：累计摊销 12000
　　营业外支出 8000
　　贷：无形资产 20000

> 无形资产处置是直接转销，而固定资产处置需通过"固定资产清理"账务进行处理。

项目四　负债

学习目标：
(1) 理解负债的概念、特征和分类。
(2) 掌握短期借款的主要账务处理。
(3) 掌握应付职工薪酬的核算内容及主要账务处理。
(4) 掌握应交税费的核算内容及主要账务处理。
(5) 掌握长期借款的主要账务处理。
(6) 了解长期应付款的核算。

业务目标：
(1) 会短期借款本金借入、计提利息及本金偿还的账务处理。
(2) 会应付职工薪酬确认分配、结算支付的账务处理。
(3) 会应交增值税、消费税、营业税、城市维护建设税、教育费附加的计算结转及缴纳的账务处理。
(4) 会长期借款本金借入、计提利息及本金偿还的账务处理。

第一部分　负债理论基础

一、负债的分类

小企业的负债按照其流动性，可分为流动负债和非流动负债。

(1) 流动负债，是指预计在1年内或者超过1年的一个正常营业周期内清偿债务。小企业的流动负债主要包括短期借款、应付及预收款项、应付职工薪酬、应交税费、应付利息等。各项流动负债应按照其实际发生额入账。

(2) 非流动负债，是指除流动负债以外的负债。小企业非流动负债主要包括长期借款、长期应付款等。各项非流动负债应当按照其实际发生额入账。

① 流动负债的偿还期一定是 1 年以内吗？
② 1 年内到期的长期借款是流动负债，还是非流动负债？
③ 负债是无偿使用吗？

二、短期借款的核算

（一）短期借款的概念和核算内容

短期借款是指企业向银行或其他金融机构等借入的期限在 1 年以内（含 1 年）的各种借款。短期借款的目的是满足企业正常生产经营周转的需要。核算内容包括短期借款的借入、在应付利息日计提利息费用及利息支付、本金的偿还。

（二）"短期借款"账户设置

1. 设置账户

设置"短期借款"账户。

2. 核算内容

该账户用于核算小企业向银行或其他金融机构借入的期限在 1 年以内的各种借款的借入和偿还。贷方登记借入的短期借款本金，借方登记偿还短期借款的本金，期末贷方余额反映小企业尚未偿还的短期借款本金。

"短期借款"账户应按照借款种类、贷款人和币种进行明细核算。

（三）短期借款的主要账务处理

1. 小企业借入各种短期借款本金时

借：银行存款
　　贷：短期借款

2. 在应付利息日计提利息费用时

小企业短期借款应当按照借款本金和借款合同利率在应付利息日计提利息费用，计入"财务费用"账户。

（1）计提利息费用时：

借：财务费用
　　贷：应付利息

（2）支付利息费用时：

借：应付利息
　　贷：银行存款

短期借款利息费用的计提时点：借款合同所约定的应付利息日。应付利息日既不是实际支付利息日，也不是资产负债表日（如月末、季末、年末）。

3. 到期偿还短期借款本金时

借：短期借款

　　贷：银行存款

①银行承兑汇票到期，小企业无力支付票款时，如何进行账务处理？②小企业持未到期商业汇票向银行贴现时，如何进行账务处理？

三、应付职工薪酬的核算

（一）小企业职工薪酬的概念

职工薪酬是指企业为获得职工提供的服务而给予各种形式的报酬以及其他相关支出。

> **小知识**：职工是指与企业订立劳动合同的所有人员，含全职、兼职和临时职工；也包括未与企业订立劳动合同但由企业正式任命的人员，如董事会成员、监事会成员等；还包括劳务用工合同人员。

小企业职工薪酬具体内容包括以下八个方面：

1. 职工工资、奖金、津贴和补贴

职工工资、奖金、津贴和补贴是指按照国家统计局的规定构成工资总额的计时工资、计件工资、奖金、津贴和补贴等。

（1）计时工资是指按计时工资标准和工作时间支付给职工个人的劳动报酬。

（2）计件工资对已做工作按计件单价计算支付的劳动报酬。

（3）奖金是指为鼓励职工的生产积极性，更好地完成生产任务而给予的一种物质奖励，其实质是企业支付给职工的超额劳动报酬。如生产奖、节约奖、劳动竞赛奖等。

（4）津贴与补贴是指根据国家规定，为了补偿职工额外的或特殊的劳动消耗和为了保障职工生活水平不受物价等特殊条件的影响而发给职工的津贴与补贴。

（5）加班加点工资是指按规定支付给职工的休息日或法定节假日加班的工资和延长工作时间的加点工资。

（6）特殊情况下支付的工资是指根据国家法律、法规和政策规定，因病、工伤、产

假、计划生育假、婚丧假、探亲假、定期休假（带薪年休假）、停工学习、执行社会义务等原因支付给职工的工资。

2. 职工福利费

职工福利费主要包括职工因公负伤赴外地就医路费、职工生活困难补助，未实行医疗统筹小企业职工医疗费用，以及按规定发生的其他职工福利支出。

> **小知识**：职工福利费应按应付工资总额的一定比例（没有统一的规定，一般不超过工资总额的14%）预提，企业可根据实际使用情况调整提取比例，以保持其平衡。

3. 社会保险费

社会保险费是指企业根据有关规定按工资总额一定比例为职工缴纳的社会保障费用。包括医疗保险费、养老保险费、失业保险费、工伤保险费和生育保险费五种。

4. 住房公积金

住房公积金是指企业按照国家规定的基准和比例计算，向住房公积金管理机构缴存的住房公积金。

 "五险一金"是指哪些？

> **小知识**："五险一金"的缴纳比例每个地区的规定有所差异，一般来说养老保险的比例全国基本一致，其他的比例略有不同，以当地规定为准。

5. 工会经费和职工教育经费

工会经费是指企业根据国家有关规定，按职工工资总额的一定比例提取并拨付给工会使用的一项专项经费；职工教育经费是企业按工资总额一定比例提取专项用于职工文化教育、专业技术培训学习方面的一项专门经费。目的是企业为了开展工会活动，改善职工文化生活，为职工学习先进技术和提高文化水平和业务素质。工会经费、职工教育经费现行提取比例（参考值）分别为工资总额的2%和2.5%。

6. 非货币性福利

非货币性福利是指企业非货币形式向职工提供的福利，主要包括企业以自产的产品或外购商品发放给职工作为福利；向职工无偿提供自己拥有的资产或租赁资产使用；为职工无偿提供类似医疗保健服务等。

7. 因解除与职工的劳动关系给予的补偿

亦称辞退福利，是指企业在职工劳动合同尚未到期之前解除与职工的劳动关系等情况下根据国家有关规定给予职工的经济补偿。

8. 其他与获得职工提供的服务相关的支出

此项是指除上述七种薪酬以外的其他为获得职工提供的服务而给予的薪酬。

 职工薪酬是广义的概念，它包括企业以各种形式向职工提供的劳动报酬、福利待遇和相关劳动保障待遇等。

(二)"应付职工薪酬"账户设置

1. 设置账户

设置"应付职工薪酬"账户。

2. 核算内容

该账户用于核算小企业职工薪酬的确认分配和结算支付借方登记企业实际支付的各种职工薪酬的数额及结转职工个人的各种代扣、代垫款项，贷方登记确认、分配本月发生(应付)的职工薪酬的数额，期末余额一般在贷方，反映企业应付职工薪酬的结余数额。

"应付职工薪酬"账户应当按"工资"、"职工福利费"、"社会保险费"、"住房公积金"、"工会经费"、"职工教育经费"、"非货币性福利"、"辞退福利"等项目设置明细账户，进行明细分类核算。

(三) 应付职工薪酬的主要账务处理

1. 职工薪酬确认、分配时

小企业应当在职工为其提供服务的会计期间，将应付的各种职工薪酬确认为负债，计入"应付职工薪酬"账户，并根据职工提供服务的受益对象，分别按表 4-1 所示情况进行会计处理：

表 4-1 职工薪酬的确认

职工薪酬项目	计入账户
应由生产产品、提供劳务负担的职工薪酬	"生产成本"、"制造费用"、"劳务成本"
在建工程、无形资产开发项目负担的职工薪酬	"在建工程"、"研发支出"
管理部门人员的职工薪酬和因解除与职工的劳动关系给予的补偿	"管理费用"
专设销售机构人员的薪酬	"销售费用"

会计分录为：

借：生产成本

　　劳务成本

　　制造费用

　　　　管理费用

　　　　销售费用

　　　　在建工程

　　　　研发支出等

　　　　　贷：应付职工薪酬——工资

　　　　　　　　　　　　——社会保险费

　　　　　　　　　　　　——住房公积金

　　　　　　　　　　　　——职工福利

　　　　　　　　　　　　——工会经费

　　　　　　　　　　　　——职工教育经费

　　　　　　　　　　　　——辞退福利

　　　　　　　　　　　　——非货币性福利等

2. 职工薪酬结算支付时

　　向职工支付工资、奖金、津贴、福利费，同时从应付职工薪酬中扣还的各种代扣、代垫款项（代扣代缴社保金、个人所得税、代垫家属医药费、水电费）等。

　　（1）企业为职工个人代垫水电费、家属医药费等时：

　　借：其他应收款——代垫水电费、家属医药费等

　　　　贷：银行存款

　　（2）企业代扣代缴职工个人社保金和个人所得税时：

　　借：应付职工薪酬——工资（个人承担部分）

　　　　贷：其他应付款——代扣代缴社保金

　　　　　　应交税费——代扣代缴个人所得税

　　（3）企业实际支付工资时：

　　借：应付职工薪酬——工资

　　　　贷：库存现金、银行存款

　　　　　　其他应收款——代垫水电费、家属医药费等

　　（4）缴纳社保金时：

　　借：应付职工薪酬——社会保险费（企业承担部分）

　　　　　　　　　　——住房公积金（企业承担部分）

　　　　其他应付款——代扣代缴社保金（个人承担部分）

　　　　贷：库存现金

　　　　　　银行存款

　　（5）缴纳个人所得税时：

　　借：应交税费——代扣代缴个人所得税

贷：库存现金、银行存款
（6）支付职工生活困难补助等福利费时：
　　借：应付职工薪酬——职工福利费（职工生活困难补助等福利费）
　　　　贷：库存现金、银行存款
（7）支付工会经费和职工教育经费用于工会活动和职工培训时：
　　借：应付职工薪酬——工会经费/职工教育经费
　　　　贷：银行存款
（8）以自产产品发放给职工时：
　　借：应付职工薪酬——非货币性福利
　　　　贷：主营业务收入
　　　　　　应交税费——应交增值税（销项税额）
　　借：主营业务成本
　　　　贷：存库商品
（9）因解除与职工的劳动关系而给予职工补偿时：
　　借：应付职工薪酬——辞退福利
　　　　贷：银行存款、库存现金

四、应交税费的核算

（一）应交税费的概念和核算内容

应交税费是指小企业按照税法等规定计算应缴纳的各种税费。包括增值税、消费税、营业税、城市维护建设税、企业所得税、资源税、土地增值税、城镇土地使用税、房产税、车船税和教育费附加、矿产资源补偿费、排污税以及代扣代缴的个人所得税等。

> 车辆购置税、耕地占用税、关税、印花税等发生时直接计入相关资产成本或费用，不必通过"应交税费"账户核算。

（二）"应交税费"账户设置

1. 设置账户

设置"应交税费"账户。

2. 核算内容

该账户用于核算小企业按照税法等规定计算应缴纳的各种税费。借方登记企业实际缴纳的各种税金、费用和应抵扣的税金，贷方登记企业按规定计算结转应缴纳的各种税金、费用，期末贷方余额，反映企业尚未缴纳的各种税费；如为借方余额，反映小企业多交的税费或尚未抵扣的税金。

"应交税费"账户应按照应交的税费项目设置明细账户，进行明细分类核算。

> **小知识**："应交增值税"明细账还应当分别"进项税额"、"销项税额"、"出口退税""进项税额转出"、"已交税金"等设置专栏。小规模纳税人只需设置"应交增值税"明细户，不需要设置上述专栏。

(三) 应交税费的主要账务处理

1. 应交增值税的账务处理

增值税是指对我国境内销售货物、进口货物，或提供加工、修理修配劳务的增值额征收的一种流转税。增值税纳税人是指在我国境内销售货物、进口货物，或提供加工、修理修配劳务的单位和个人，按照纳税人的经营规模及会计核算的健全程度，增值税纳税人分为一般纳税人和小规模纳税人。

(1) 应交增值税额的确定。

①一般纳税人应交增值税额是根据当期销项税额减去当期进项税额计算确定的。其计算公式为：

应交增值税额 = 当期销项税额 - 当期准予抵扣的进项税额

> **小知识**：准予从销项税额中抵扣的进项税额通常包括：从销售方取得的增值税专用发票上注明的增值税额；从海关取得的完税凭证上注明的增值税额。

②小规模纳税人应交增值税额按照销售额和规定的征收率（3%）计算确定。其计算方式为：

应交增值税额 = 销售额（不含增值税）× 征收率（3%）

或者 $= \dfrac{销售额（含增值税）}{1 + 3\%} \times 3\%$

(2) 一般纳税人应交增值税的账务处理。

◆ 企业采购物资和接受应税劳务时。应根据增值税专用发票上记载的采购成本或加工、修理修配等物资成本的金额以及可抵扣增值税额：

借：在途物资、原材料、固定资产、库存商品、工程物资、生产成本、制造费用、委托加工物资、管理费用等

　　应交税费——应交增值税（进项税额）

　　贷：银行存款、应付账款、应付票据等

 购入货物发生退货的，应根据有关原始凭证做相反的会计分录。

小知识：企业购入免税农产品、可以按照根据买价和规定的扣除率（一般为13%）计算的进项税额，借记"应交税费——应交增值税（进项税额）"账户，按买价扣除按规定计算的进项税额后的差额，借记"在途物资"、"原材料"、"库存商品"等账户，按照应付或实际支付的价款，贷记"应付账款"、"银行存款"等账户。

◆ 进项税额转出时。企业购进的物资由于管理不善导致发生毁损，以及将购进物资改变用途（如用于非应税项目如建造厂房等不动产、集体福利或个人消费等）等，其进项税额应通过"应交税费——应交增值税（进项税额转出）"账户转入有关账户：

借：在建工程、应付职工薪酬、待处理财产损溢等
　　贷：原材料、库存商品等
　　　　应交税费——应交增值税（进项税额转出）

小知识：根据现行规定，一般纳税人企业购入固定资产（不包括不动产）时取得增值税专用发票的增值税额是可以列为"进项税额"进行抵扣的。这样，企业在建工程（不包括不动产工程）领用生产用原材料是不必进行进项税额转出的。

◆ 销售货物或者提供应税劳务时。企业应根据营业收入和应收取的增值税额：
借：银行存款、应收账款、应收票据等
　　贷：主营业务收入、其他业务收入
　　　　应交税费——应交增值税（销项税额）

如发生销售退回，做相反的会计分录。

◆ 应视同销售行为的。按照《税法》规定，企业将自产或委托加工的货物用于固定资产建设、职工生活福利、对外投资、分配给股东、无偿赠送他人等情形，应视同销售，按售价计算应交增值税销项税额：

借：在建工程、长期股权投资、应付职工薪酬、营业外支出等
　　贷：库存商品（用于固定资产建设按成本价结转）、主营业务收入（用于职工福利、对外投资、捐赠等按售价确认收入，同时将成本转入"主营业务成本"）
　　　　应交税费——应交增值税（销项税额）

◆ 有出口退税时。企业出口产品按规定退税的，按应收的出口退税额：
借：其他应收款

　　　贷：应交税费——应交增值税（出口退税）
◆ 实际交纳增值税时。
　借：应交税费——应交增值税（已交税金）
　　　贷：银行存款
（3）小规模纳税人应交增值税的主要账务处理。
◆ 采购物资或接受应税劳务时。小规模纳税人不享有进项税额的抵扣权，其购进物资或接受应税劳务支付的增值税直接计入有关物资或劳务的成本：
　借：在途物资、原材料、库存商品等
　　　贷：银行存款、应付账款等
◆ 销售货物或提供应税劳务时。小规模纳税人应当按照不含税销售额和规定的增值税征收率（不分工商业统一为3%）计算缴纳增值税。

 小规模纳税人能否开具增值税专用发票？

　借：银行存款、应收账款等
　　　贷：主营业务收入
　　　　　其他业务收入
　　　　　应交税费——应交增值税
◆ 缴纳增值税时。
　借：应交税费——应交增值税
　　　贷：银行存款

小规模纳税人"应交税费——应交增值税"账户期末贷方余额反映企业尚未缴纳的增值税额，如为借方余额表示多交纳的增值税额。

 　　一般纳税人采购物资或接受应税劳务不能取得增值税专用发票的，比照小规模纳税人进行账务处理。

2. 应交消费税的主要账务处理

消费税是指在我国境内生产、委托加工和进口应税消费品的单位和个人，按其流转额缴纳的一种税。

消费税有从价定率和从量定额两种征收方法：采取从价定率方法征收的消费税，以不含增值税的销售额为税基，按照税法规定的税率计算；采取从量定额计征的消费税，根据按税法确定的企业应税消费品的数量和单位应税消费品应交纳的消费税计算确定。

小知识： 我国现行税制规定的应税消费品包括烟、酒及酒精、化妆品、护肤品、贵重首饰及珠宝玉石、鞭炮和焰火、汽油、柴油、汽车轮胎、摩托车、小汽车等十四大类。

◆ 销售应税消费品时：

借：营业税金及附加
　　贷：应交税费——应交消费税

◆ 以自产应税消费品用于在建工程、非生产机构、职工福利、捐赠等时：

借：在建工程、管理费用、应付职工薪酬、营业外支出等
　　贷：应交税费——应交消费税

◆ 委托加工应税消费品（参见存货相关内容）。

◆ 缴纳消费税时：

借：应交税费——应交消费税
　　贷：银行存款

3. 应交营业税的主要账务处理

营业税是对我国境内提供应税劳务、转让无形资产或销售不动产的单位和个人征收的流转税。

营业税以营业额作为计税依据。营业额是指纳税人提供应税劳务、转让无形资产和销售不动产向对方收取的全部价款和价外费用。税率3%~20%不等。

（1）小企业按照营业额和税法规定的税率，计算应缴纳的营业税。

借：营业税金及附加
　　贷：应交税费——应交营业税

（2）出售原作为固定资产管理的不动产时计算应缴纳的营业税。

借：固定资产管理
　　贷：应交税费——应交营业税

（3）缴纳营业税

借：应交税费——应交营业税
　　贷：银行存款

4. 应交城市维护建设税和教育费附加的主要账务处理

（1）税款计算。

◆ 城市维护建设税是以增值税、消费税、营业税为计税依据征收的一种税。其纳税人为缴纳增值税、消费税、营业税单位和个人，税率因纳税人所在地区不同从1%到7%不等。计算公式为：

应纳税额＝(应交增值税＋应交消费税＋应交营业税)×适用税率

◆ 教育费附加是为了发展教育事业而向企业征收的附加费用，企业按应交流转税（增值税、消费税、营业税）的一定比例（全国统一为3%）计算缴纳。

（2）账务处理。

◆ 小企业按照税法规定计算应缴纳的城市维护建设税、教育费附加。

借：营业税金及附加
　　贷：应交税费——应交城市维护建设税
　　　　　　　　——应交教育费附加

◆ 缴纳城市维护建设税和教育费附加。

借：应交税费——应交城市维护建设税
　　　　　　——应交教育费附加
　　贷：银行存款

5. 应交资源税的主要账务处理

资源税是对我国境内从事原油、天然气、煤炭、金属矿产品和其他矿产品开发以及生产盐的单位和个人征收的一种税。资源税按照应税产品的纳税数量和规定的单位税额计算，开采或生产应税产品对外销售的，以销售数量为课税数量；开采或生产应税产品自用的，以自用数量为课税数量。

（1）小企业计算销售应税产品应纳资源税。

借：营业税金及附加
　　贷：应交税费——应交资源税

（2）小企业自产自用应税产品应纳资源税。

借：生产成本等
　　贷：应交税费——应交资源税

（3）缴纳资源税。

借：应交税费——应交资源税
　　贷：银行存款

6. 应交城镇土地使用税、房产税、车船税、矿产资源补偿费、排污费的主要账务处理

土地使用税是国家为了合理利用城镇土地，调节土地级差收入，提高土地使用效益，加强土地管理而开征的一种税，以纳税人实际占用的土地面积为计税依据，依照规定的税款计算征收。

房产税是国家对在城市、县城、建制县和工矿区征收的由产权所有人缴纳的一种税。房产税依照房产原值一次减除10%~30%的余额计算缴纳；房产出租的，以房产租金收入为房产税计税依据。

车船税由拥有并使用车船的单位和个人缴纳。车船税以应税车船为征税对象,以征税对象的计量标准(车辆、净吨位、载重吨等)为计税依据。

矿产资源补偿费是对在我国领域和管辖海域开采矿产资源而征收的费用,矿产资源补偿费按照矿产品销售收入的一定比例计征,由采矿人交纳。

(1)小企业按照规定缴纳的城镇土地使用税、房产税、车船税、矿产资源补偿费、排污费。

借:营业税金及附加
　　贷:应交税费——应交城镇土地使用税
　　　　　　　——应交房产税
　　　　　　　——应交车船税
　　　　　　　——应交矿产资源补偿税
　　　　　　　——应交排污费

(2)缴纳城镇土地使用税、房产税、车船税、矿产资源补偿费、排污费。

借:应交税费——应交城镇土地使用税
　　　　　——应交房产税
　　　　　——应交车船税
　　　　　——应交矿产资源补偿税
　　　　　——应交排污费
　　贷:银行存款

7.应交企业所得税、个人所得税的主要账务处理

(1)小企业按照税法规定应交企业所得税。

借:所得税费用
　　贷:应交税费——应交企业所得税

(2)小企业按照税法规定应代扣代缴的个人所得税。

借:应付职工薪酬——工资
　　贷:应交税费——应交个人所得税

(3)缴纳企业所得税、个人所得税

借:应交税费——应交企业所得税
　　　　　——应交个人所得税
　　贷:银行存款

小知识:印花税是由纳税人根据规定自行计算应纳税额以购买并一次贴足印花税票的方法而缴纳的一种税款。企业缴纳的印花税不需要通过"应交税费"账

户核算，企业在购买印花税票，即缴纳印花税时：

借：营业税金及附加

　　贷：银行存款、库存现金

五、长期借款的核算

（一）长期借款的概念及核算内容

1. 长期借款的概念

长期借款是指小企业向银行或其他金融机构借入的期限在 1 年以上（不含 1 年）的各种借款。一般用于固定资产的建购、改扩建工程、大修理工程、对外投资以及为了保持长期经营能力等方面。

2. 长期借款的核算内容

包括长期借款的借入、借款利息的结算和借款本金的归还。

（二）"长期借款"账户设置

1. 设置账户

设置"长期借款"账户。

2. 核算内容

该账户用于核算长期借款借入、利息结算、归还等情况，借方登记长期借款本金的减少额，贷方登记长期借款本金的增加额，期末贷方余额表示尚未偿还的长期借款本金。

该账户可按照贷款单位和贷款种类设置明细账户，进行明细分类核算。

（三）长期借款的主要账务处理

1. 小企业借入长期借款

借：银行存款

　　贷：长期借款

2. 应付利息日的账务处理

（1）长期借款应当按照借款本金和借款合同利率在应付利息日计算利息，计入相关资产或财务费用。

借：财务费用、在建工程等

　　贷：应付利息

（2）实际支付利息费用时的账务处理。

借：应付利息

　　贷：银行存款

(3) 偿还长期借款本金时的账务处理。

借：长期借款
　　贷：银行存款

六、长期应付款的核算

（一）长期应付款的概念和核算内容

长期应付款是指小企业除长期借款以外的其他各种长期应付款项。

长期应付款的核算内容包括小企业采用融资租赁方式租入固定资产所形成的应付融资租入固定资产的租赁费、以分期付款方式购入固定资产发生的应付款项等。

（二）"长期应付款"账户设置

1. 设置账户

设置"长期应付款"账户。

2. 核算内容

该账户用于核算各项长期应付款的发生和偿还情况，借方登记归还的长期应付款，贷方登记长期应付款的增加数，期末贷方余额，反映应付未付的长期应付款项。

该账户应按长期应付款的种类和债权人设置明细账户进行明细核算。

（三）长期应付款的主要账务处理

(1) 小企业融资租入固定资产，在租赁开始日：

借：固定资产或在建工程（按照租赁合同约定的付款总额和在签订租赁合同过程中
　　　发生的相关税费等）
　　贷：长期应付款——应付融资租赁款（××租赁公司）

(2) 以分期付款方式购入固定资产时：

借：固定资产或在建工程（按照实际支付的购买价款和相关税费不包含按照《税法》
　　　规定可抵扣的增值税进项税额）
　　应交税费——应交增值税（进项税额）
　　贷：长期应付款——××债权人

(3) 实际偿还长期应付款时：

借：长期应付款
　　贷：银行存款

第二部分 负债业务实施

业务一 短期借款

 **任务 短期借款借入、计提利息费用、偿还的核算**

任务描述

迦南有限责任公司（增值税一般纳税人）于2014年1月1日向开户银行中国农业银行红河市中西支行借入一笔生产经营周转用短期借款，本金20万元，期限9个月，年利率4.8%。根据与开户行签订的借款合同规定，该项借款的本金到期后一次归还，利息支付时间：3月31日、6月30日、9月30日（业务所附借款凭证回单见表4-2）。

任务实施

（1）2014年1月1日借入短期借款本金时：

借：银行存款　　　　　　　　　　　　　　200000
　　贷：短期借款　　　　　　　　　　　　　　200000

（2）3月31日应付利息日：

借：财务费用　　　　　　　　　　　　　　2400（200000×4.8%÷12×3）
　　贷：应付利息　　　　　　　　　　　　　　2400

（3）6月30日、9月30日应付利息日账务处理同上。

（4）收到银行转来支付利息通知时：

借：应付利息　　　　　　　　　　　　　　2400
　　贷：银行存款　　　　　　　　　　　　　　2400

（5）2014年10月1日到期偿还短期借款本金时：

借：短期借款　　　　　　　　　　　　　　200000
　　贷：银行存款　　　　　　　　　　　　　　200000

项目四 | 负债

表 4-2 （　　贷款）借款凭证（回　单）③

单位编号：A006　　　　　　　日期：2014 年 1 月 1 日　　　　　　银行编号：0118

借款人	名称	迦南有限责任公司		收款人	名称	迦南有限责任公司								
	放款户账号	0876237651			往来户账号	0876237652								
	开户银行	农行红河市中西支行			开户银行	农行红河市中西支行								
借款期限（最后还款日）		2014 年 10 月 1 日		借款建行指标										
借款申请金额		人民币（大写）：贰拾万元整				千	百	十	万	千	百	十	元	角	分
								¥	2	0	0	0	0	0	0
借款原因及用途		生产经营周转用		银行核定金额		千	百	十	万	千	百	十	元	角	分
								¥	2	0	0	0	0	0	0
期限	计划还款日期	√	计划还款金额	分次还款记录	期次	还款日期		还款金额			结欠			
1	2014 年 10 月 1 日		200000											
2														
3														
备注				借款单位	上述借款业已同意贷给并转入你单位往来户账户，借款到期时应按期归还此致 中国农业银行红河市中西支行业务章 2014.1.1									
					（银行盖章）2014 年 1 月 1 日									

业务二　应付职工薪酬

 **任务 1　工资费用确认分配的核算**

任务描述

迦南有限责任公司 2014 年 1 月 31 日根据 1 月"工资结算汇总表"（见表 4-3）确认"应付工资"进行工资费用的分配，编制"工资费用分配汇总表"（见表 4-4）。

任务实施

根据"工资费用分配汇总表"进行工资的分配，账务处理为：

借：生产成本——基本生产成本　　　　　50000
　　制造费用　　　　　　　　　　　　　10000
　　管理费用　　　　　　　　　　　　　20000
　　在建工程　　　　　　　　　　　　　 8000
　　销售费用　　　　　　　　　　　　　12000
　　贷：应付职工薪酬——工资　　　　　　　100000

表 4-3 迦南有限责任公司工资结算汇总表

2014 年 1 月   单位：元

车间及部门		计时工资	奖金		加班加点工资	各种津贴		缺勤扣款		应付工资	代垫款 水电费、家属医药费	代扣款			以现金发放工资
			综合奖	单项奖		夜班津贴	岗位津贴	事假	病假			住房公积金个人部分	"三险"个人缴纳部分	个人所得税	
生产车间	生产工人	46000	2000	1000	1000	400	600	900	100	50000	800	5000	5560	450	38190
	管理人员	8000	1000			500				10000	100	1000	1112		7788
厂部		18500	500		500		500			20000	100	2000	2224	150	15526
在建工程人员		7000	500		500					8000		800	886		6314
专设销售机构人员		10000		1500	300		200			12000		1200	1332		9468
合计		89500	4000	2500	2800	400	1800	900	100	100000	1000	10000	11114	600	77286

表 4-4 迦南有限责任公司工资费用分配汇总表

2014 年 1 月   单位：元

项目	生产车间	厂部	在建工程	专设销售机构	合计
生产成本	50000				50000
制造费用	10000				10000
管理费用		20000			20000
在建工程			8000		8000
销售费用				12000	12000
合计	60000	20000	8000	12000	100000

 任务 2 工资费用结算支付的核算

任务描述

迦南有限责任公司 2014 年 2 月 10 日根据 1 月份"工资结算汇总表"（见表 4-3）中工资费用实发金额，通过开户银行办理发放工资手续。

任务实施

相关账务处理为：

（1）公司 1 月份为职工个人代垫水电费、家属医药费等时：

借：其他应收款——代垫水电费、家属医药费等   1000
　　贷：银行存款   1000

（2）公司 2 月份实际支付工资费用时：

借：应付职工薪酬——工资（扣除个人承担部分） 77286
　　贷：银行存款   77286

(3) 公司结转代扣、代垫款项时:

借: 应付职工薪酬——工资（个人承担部分） 22714
    贷: 其他应收款——水电费、家属医药费等 1000
        其他应付款——"三险"个人承担部分 11114
            ——住房公积金个人承担部分 10000
        应交税费——代扣代缴个人所得税 600

(4) 公司实际支付代扣代缴个人所得税时:

借: 应交税费——代扣代缴个人所得税 600
    贷: 银行存款 600

任务3 职工福利费支付、预提的核算

任务描述

2014年1月25日，迦南有限责任公司批准以现金支付职工姚小明、李忠华生活困难补助各1000元。公司的账务处理为:

借: 应付职工薪酬——职工福利费 2000
    贷: 库存现金 2000

迦南有限责任公司2014年1月31日根据1月份"工资结算汇总表"（见表4-3）中"应付工资"总额，按照实际情况采用10%的比例预提本月职工福利费，编制"职工福利费计提表"（见表4-5）。

表4-5 迦南有限责任公司职工福利费计提表

2014年1月   单位: 元

部门		应付工资总额	计提比例	预计金额
生产车间	生产工人	50000		5000
	管理人员	10000		1000
厂部		20000		2000
在建工程人员		8000		800
专设销售机构人员		12000		1200
合计		100000	10%	10000

动动手

根据"职工福利费计提表"（见表4-5），预提职工福利费的账务处理为:

任务4　社会保险费和住房公积金计提、缴纳的核算

任务描述

迦南有限责任公司 2014 年 1 月 31 日根据 1 月份"工资结算汇总表"（见表 4-3）中"应付工资"总额为基数，编制"五险一金计提表"（见表 4-6）计算缴纳社会保险费和住房公积金。职工个人缴纳部分按比例计算，并已在发放工资时代扣，最后由公司一并缴纳。

任务实施

（1）公司计提各项社保金（企业承担部分）时：

借：生产成本——基本生产成本　　　　21600
　　制造费用　　　　　　　　　　　　4320
　　管理费用　　　　　　　　　　　　8640
　　在建工程　　　　　　　　　　　　3456
　　销售费用　　　　　　　　　　　　5184
　　贷：应付职工薪酬——社会保险费　　　　33200
　　　　　　　　　　——住房公积金　　　　10000

表 4-6　迦南有限责任公司"五险一金"计提表

2014 年 1 月　　　　　　　　　　　　　　　　　　单位：元

部门	基数	医疗保险费		养老保险费		失业保险费		生育保险费	工伤保险费	小计		住房公积金		合计	
		单位缴纳10%	个人缴纳2%+3	单位缴纳20%	个人缴纳8%	单位缴纳2%	个人缴纳1%	单位缴纳0.8%	单位缴纳0.4%	单位缴纳	个人缴纳	单位缴纳10%	个人缴纳10%	单位缴纳	个人缴纳
车间生产工人(20人)	50000	5000	1060	10000	4000	1000	500	400	200	16600	5560	5000	5000	21600	10560
车间管理人员(4人)	10000	1000	212	2000	800	200	100	80	40	3320	1112	1000	1000	4320	2112
厂部人员(8人)	20000	2000	424	4000	1600	400	200	160	80	6640	2224	2000	2000	8640	4224
在建工程人员(2人)	8000	800	166	1600	640	160	80	64	32	2656	886	800	800	3456	1686
专设销售机构人员(4人)	12000	1200	252	2400	960	240	120	96	48	3984	1332	1200	1200	5184	2532
合计	100000	10000	2114	20000	8000	2000	1000	800	400	33200	11114	10000	10000	43200	21114

注：本表中个人缴纳部分与表 4-3 中代扣款项一致，系假设社会保险费、住房公积金为先代扣个人缴纳部分，然后再一并解缴。

(2) 公司一并上缴各项社保金（包括企业和个人承担两部分）时：

借：应付职工薪酬——社会保险费　　　　　　　　　33200
　　　　　　　　——住房公积金　　　　　　　　　10000
　　其他应付款——代扣"三险"个人承担部分　　　11114
　　　　　　　——代扣住房公积金个人承担部分　　10000
　　贷：银行存款　　　　　　　　　　　　　　　　64314

 **任务5　工会经费和职工教育经费计提、划拨支付的核算**

任务描述

迦南有限责任公司2014年1月31日根据1月份"工资结算汇总表"（见表4-3）中"应付工资"总额为基数，分别按规定的比例2%、2.5%编制"工会经费和职工教育经费计提表"（见表4-7），计提工会经费和职工教育经费。

任务实施

公司相关账务处理为：

（1）公司按规定比例计提工会经费和职工教育经费时：

借：生产成本——基本生产成本　　　　　　　2250
　　制造费用　　　　　　　　　　　　　　　 450
　　管理费用　　　　　　　　　　　　　　　 900
　　在建工程　　　　　　　　　　　　　　　 360
　　销售费用　　　　　　　　　　　　　　　 540
　　贷：应付职工薪酬——工会经费　　　　　2000
　　　　　　　　　　——职工教育经费　　　2500

表4-7　工会经费和职工教育经费计提表

2014年1月　　　　　　　　　　　　　　　　　　　　单位：元

项目	工资总额（基数）	工会经费（2%）	职工教育经费（2.5%）
车间生产工人	50000	1000	1250
车间管理人员	10000	200	250
厂部人员	20000	400	500
在建工程人员	8000	160	200
专设销售机构人员	12000	240	300
合计	100000	2000	2500

（2）2月初，公司以存款划拨工会应交工会经费时：

借：应付职工薪酬——工会经费　　　　　　　2000
　　贷：银行存款　　　　　　　　　　　　　2000

（3）假设迦南有限责任公司 2014 年 1 月 10 日，以存款支付生产车间技术骨干技能培训费 2300 元。公司的账务处理为：

借：应付职工薪酬——职工教育经费　　2300
　　贷：银行存款　　　　　　　　　　　　　2300

业务三　应交税费

任务 1　应交增值税进项税额的核算

任务描述

迦南有限责任公司（增值税一般纳税人）2014 年 1 月购进原材料，根据"收料凭证汇总表"汇总：买价 40 万元，运杂费 5000 元，取得增值税专用发票记载增值税进项税额 68000 元，材料均已验收入库，假定全部价款已通过开户银行转账支付。

任务实施

公司的账务处理为：

借：原材料　　　　　　　　　　　　　　　　　405000
　　应交税费——应交增值税（进项税额）　　　68000
　　贷：银行存款　　　　　　　　　　　　　　　　　473000

> **小知识：** 假设迦南有限责任公司购进免税农产品一批，物品已验收入库，实际以存款支付价款为 3 万元。公司的账务处理为：
>
> 借：原材料　　　　　　　　　　　　　　　　　26100
> 　　应交税费——应交增值税（进项税额）　3900（30000×13%）
> 　　贷：银行存款　　　　　　　　　　　　　　　　30000

任务 2　应交增值税进项税额转出的核算

任务描述

迦南有限责任公司（增值税一般纳税人）2014 年 1 月进行财产清查时发现产成品仓库库存 A 产品因管理不善毁损一批，价值 6000 元，按规定确定的增值税进项税额为 680 元。

任务实施

公司账务处理为：

借：待处理财产损溢——待处理流动资产损溢　　6680
　　贷：库存商品——A 产品　　　　　　　　　　　6000

应交税费——应交增值税（进项税额转出）　　　680

 **任务3　应交增值税销项税额的核算**

任务描述

迦南有限责任公司（增值税一般纳税人）2014年1月根据产品出库单汇总显示：销售产品实现营业收入60万元，增值税销项税额102000元，假定全部价款已存入开户银行；用自产产品发放职工福利视同销售确认营业收入5万元，增值税销项税额8500元。

任务实施

公司账务处理为：

借：银行存款　　　　　　　　　　　　　　702000

　　应付职工薪酬——职工福利费　　　　　58500

　　贷：主营业务收入　　　　　　　　　　　　650000

　　　　应交税费——应交增值税（销项税额）　110500

 **任务4　应交增值税额的计算及缴纳的核算**

任务描述

迦南有限责任公司2014年1月累计发生销项税额110500元，进项税额转出680元，准予抵扣进项税额为68000元，假定以存款缴纳增值税41820元，月末无未交增值税。

任务实施

相关的业务处理为：

（1）计算本月应交增值税额：

应交增值税额=销项税额 –（准予抵扣的进项税额 – 进项税额转出）

　　　　　　= 110500 –（68000 – 680）= 43180（元）

（2）本月以存款缴纳增值税时：

借：应交税费——应交增值税（已交税金）　43180

　　贷：银行存款　　　　　　　　　　　　　　43180

 **任务5　应交消费税计算、缴纳的核算**

任务描述

迦南有限责任公司2014年1月销售应交消费税的产品一批，增值税专用发票注明价款10万元，增值税17000元，货款已收妥存入银行。该批产品的消费税税率为10%。

任务实施

公司有关消费税的账务处理为：

（1）计算应缴纳的消费税时：

应交消费税额 = 100000 × 10% = 10000（元）

借：营业税金及附加　　　　　　　　　10000

　　贷：应交税费——应交消费税　　　　　　10000

（2）以银行存款缴纳消费税时：

借：应交税费——应交消费税　　　　　10000

　　贷：银行存款　　　　　　　　　　　　　10000

任务6　应交营业税计算、缴纳的核算

任务描述

迦南有限责任公司2014年1月出售一栋办公楼，取得收入40万元，存入开户银行。该办公楼的账面原价为80万元，已提折旧42万元，出售过程中用存款支付清理费5000元。销售该项固定资产适用的营业税税率为5%。

任务实施

相关账务处理为：

（1）该固定资产转入清理时：

借：固定资产清理　　　　　　　　　380000

　　累计折旧　　　　　　　　　　　420000

　　贷：固定资产　　　　　　　　　　　　800000

（2）收到出售收入40万元时：

借：银行存款　　　　　　　　　　　400000

　　贷：固定资产清理　　　　　　　　　　400000

（3）支付清理费用5000元时：

借：固定资产清理　　　　　　　　　　5000

　　贷：银行存款　　　　　　　　　　　　　5000

（4）计算应交营业税时：

应交营业税 = 400000 × 5% = 20000（元）

借：固定资产清理　　　　　　　　　　20000

　　贷：应交税费——应交营业税　　　　　　20000

（5）结转出售该固定资产的净损失时：

借：营业外支出——处置非流动资产净损失　5000

　　贷：固定资产清理　　　　　　　　　　　5000

 **任务 7**　应交城市维护建设税和应交教育费附加计算、缴纳的核算

任务描述

迦南有限责任公司 2014 年 1 月主营业务应缴纳增值税 41820 元、消费税 10000 元，出售不动产应交营业税 20000 元。公司以此为依据计算、缴纳本月应交城市维护建设税和教育费附加。

任务实施

相关的账务处理为：

（1）计算结转应交城市维护建设税和应交教育费附加：

应交城市维护建设税 =（41820 + 10000 + 20000）× 7% = 5027.40（元）

应交教育费附加 =（41820 + 10000 + 20000）× 3% = 2154.60（元）

借：营业税金及附加　　　　　　　　　7182.00

　　贷：应交税费——应交城市维护建设税　　5027.40

　　　　　　　　——应交教育费附加　　　　2154.60

（2）以存款缴纳城市维护建设税和教育费附加时：

借：应交税费——应交城市维护建设税　　5027.40

　　　　　　——应交教育费附加　　　　2154.60

　　贷：银行存款　　　　　　　　　　　7182.00

小知识：城市维护建设税是一种附加税，教育费附加是一项纳税附加费，两者均是以企业应缴纳的增值税、消费税、营业税三种流转税税额为依据计算征收的。

①城市维护建设税按照纳税人所在地的不同实行地区差别税率，具体为：市区 7%；县城、镇 5%；其他 1%。

②教育费附加按照全国统一的教育费附加征收率 3% 计征。

业务四　长期借款

 **任务**　长期借款借入本金、应付利息日计提利息及偿还本金的核算

任务描述

迦南有限责任公司为建造一幢厂房，于 2014 年 1 月 1 日向中国农业银行红河市平西路支行借入期限为两年的长期借款 50 万元，款项已存入银行。借款合同约定年利率为 6%，按年付息，到期后一次还清本金。假定该借款当即全部投入厂房的建造，该厂房于 2014 年末建造完成达到预定可使用状态。

任务实施

相关的账务处理为：

（1）借入长期借款本金时：

借：银行存款 500000
　　贷：长期借款——农行红河市平西路支行 500000

（2）2014年末应付利息日：

借：在建工程 30000（500000×6%）
　　贷：应付利息 30000

（3）2014年末收到银行转来支付利息通知时：

借：应付利息 30000
　　贷：银行存款 30000

（4）2015年末应付利息日：

借：财务费用 30000
　　贷：应付利息 30000

（5）2015年末长期借款到期，以存款归还本金并支付利息时：

借：长期借款 500000
　　应付利息 30000
　　贷：银行存款 530000

项目五　往来账款

学习目标：
（1）熟悉往来账款内容。
（2）掌握应收账款、应付账款核算的账户设置和账务处理。
（3）掌握应收票据、应付票据核算的账户设置和账务处理。
（4）掌握预收账款、预付账款核算的账户设置和账务处理。
（5）掌握其他应收款核算的账户设置和账务处理。
（6）掌握其他应付款核算的账户设置和账务处理。

业务目标：
（1）会应收账款和应付账款的账务处理。
（2）会应收票据和应付票据的账务处理。
（3）会预付账款和预收账款的账务处理。
（4）会其他应收款和其他应付款的账务处理。

第一部分　往来账款理论基础

一、往来账款的内容

　　往来账款是企业在生产经营过程中因发生购买商品（材料）或销售商品（材料）、提供或接受劳务而形成的债权、债务关系。
　　往来账款主要包括应收账款、应付账款、应收票据、应付票据、预收账款、预付账款、其他应收款、其他应付款。

二、应收账款和应付账款的核算

（一）应收账款和应付账款的含义

1. 应收账款的含义

应收账款是指小企业因销售商品（材料）和提供劳务等日常生产经营活动应收取的款项。主要包括：

{ 销售商品（材料）、提供劳务等应向购买方（接受方）收取的价款
  增值税
  代购买方垫付的运杂费 }

2. 应付账款的含义

应付账款是指小企业因购买商品（材料）和接受劳务等日常生产经营活动应支付的款项。主要包括：

{ 购买商品（材料）、接受劳务等应向销售方（提供方）支付的价款
  增值税
  购买方负担的运杂费 }

（二）应收账款和应付账款核算的账户设置

小企业应收账款和应付账款账户设置关系如图 5-1 所示：

图 5-1 "应收账款"账户与"应付账款"账户的关系

1. "应收账款"账户

该账户借方登记应收账款的发生额，贷方登记应收账款的收回、改用商业汇票结算及核销为坏账的减少数，期末余额一般在借方，反映尚未收回的应收账款，期末余额如在贷方，反映预收的款项。

该账户应按对方单位或个人（债务人）设置明细账，进行明细核算。例如，应收账款——××单位。

2. "应付账款"账户

该账户贷方登记应购买商品（材料）和接受劳务供应而应付款项以及到期无款支付的应付票据款，借方登记偿还、抵付的应付账款以及转销无法支付的应付账款，期末余额一般在贷方，反映尚未支付的应付账款，期末余额如在借方，反映预付的款项。

该账户应按对方单位或个人（债务人）设置明细账，进行明细核算。例如，应付账款——××单位。

（三）主要的账务处理

1. 销货方的主要账务处理

（1）因销售商品、提供劳务而款项未收。

借：应收账款——××单位
　　贷：主营业务收入
　　　　应交税费——应交增值税（销项税额）
　　　　银行存款

（2）收回前欠的应收账款。

借：银行存款
　　贷：应收账款——××单位

2. 购货方主要账务处理

（1）因购入材料（商品）、接受劳务供应而款项未付。

借：原材料、在途物资、管理费用
　　应交税费——应交增值税（进项税额）
　　贷：应付账款——××单位

（2）偿还前欠的应付账款。

借：应付账款——××单位
　　贷：银行存款

> 小企业确实无付偿付的应付款项，应当计入营业外收入。

三、应收票据、应付票据的核算

（一）应收票据和应付票据的含义

1. 应收票据的含义

应收票据是指小企业因销售商品（材料）和提供劳务等日常生产经营活动而收到的商业汇票（银行承兑汇票和商业承兑汇票）。

2. 应付票据的含义

应付票据是指小企业因购买商品（材料）和接受劳务等日常生产经营活动开出、承兑的商业汇票（银行承兑汇票和商业承兑汇票）。

（二）应收票据和应付票据核算的账户设置

小企业应收票据和应付票据账户设置关系如图 5-2 所示：

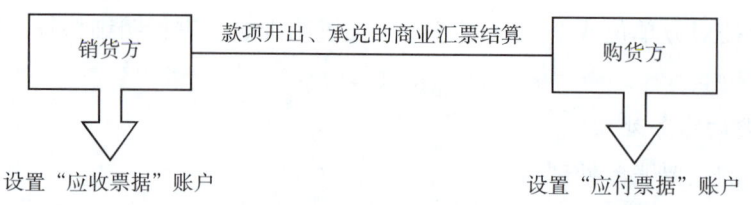

图 5-2 "应收票据"账户与"应付票据"账户的关系

1."应收票据"账户

该账户借方登记收到商业汇票的票面金额，贷方登记到期收回、转让、贴现及到期无法收回的商业汇票的票面金额，期末余额在借方，反映持有的商业汇票的票面金额。

该账户应按开出承兑商业汇票的单位设置明细账，进行明细分类核算。例如，应收票据——××单位。

> **小知识**：小企业应当设置"应收票据备查簿"，逐笔登记商业汇票的种类、号数和出票日、票面金额、交易合同号和付款人、承兑人、背书人的姓名或单位名称、到期日、背书转让日、贴现日、贴现率和贴现净额以及收款日期和收回金额、退票等资料，商业汇票到期结清票款或退票后，在备查簿中应予注销。

2."应付票据"账户

该账户贷方登记小企业开出、承兑商业汇票的票面金额，借方登记到期支付（或结转）商业汇票的票面金额，期末余额在贷方，反映尚未到期的商业汇票的票面金额。

该账户应按债权人设置明细账，进行明细核算。例如，应付票据——××单位。

> **小知识**：小企业应当设置"应付票据备查簿"，详细登记商业汇票的种类、号数和出票日期、到期日、票面金额、交易合同号和收款人姓名或单位名称以及付款日期和金额等资料，商业汇票到期结清票款后，在备查簿中应予注销。

（三）主要的账务处理

1.销货方的主要账务处理

（1）因销售商品、提供劳务收到开出、承兑的商业汇票。

借：应收票据——××单位
　　贷：主营业务收入
　　　　应交税费——应交增值税（销项税额）

（2）持未到期的商业汇票向银行贴现。

①银行无追溯权的情况下：

借：银行存款
　　财务费用
　　　贷：应收票据——××单位

②银行有追溯权的情况下：

借：银行存款
　　财务费用
　　　贷：短期借款

(3) 到期收回商业汇票票面金额。

借：银行存款
　　　贷：应收票据——××单位

(4) 因付款人无力支付票款或到期不能收回款项的应收票据，按商业汇票的票面金额：

借：应收账款——××单位
　　　贷：应收票据——××单位

2. 购货方主要账务处理

(1) 因购入材料（商品）接受劳务供应开出、承兑的商业汇票：

借：原材料、在途物资、管理费用
　　应交税费——应交增值税（进项税额）
　　　贷：应付票据——××单位

(2) 支付银行承兑汇票的手续费时：

借：财务费用
　　　贷：银行存款

(3) 支付到期的商业汇票的票款时：

借：应付票据——××单位
　　　贷：银行存款

(4) 无力支付到期的商业承兑汇票的票款时：

借：应付票据——××单位
　　　贷：应付账款——××单位

(5) 若是无力支付到期的银行承兑汇票的票款时：

借：应付票据——××单位
　　　贷：短期借款

四、预付账款、预收账款的核算

（一）预付账款、预收账款的含义

1. 预付账款的含义

预付账款是指小企业按照合同规定预付的款项，包括根据合同规定预付的购货款、租金、工程款等。

2. 预收账款的含义

预收账款是指小企业按照合同规定预收的款项，包括根据合同规定预收的购货款、租金、工程款等。

（二）预付账款和预收账款核算的账户设置

小企业预付账款和预收账款的账户设置关系如图 5-3 所示：

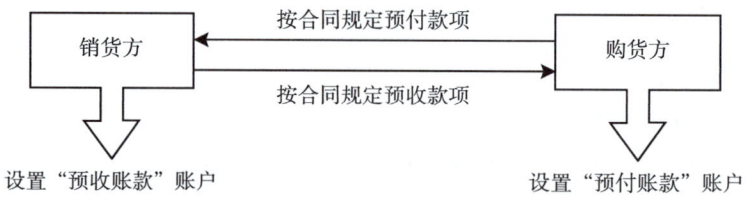

图 5-3 "预收账款"账户与"预付账款"账户的关系

1. "预付账款"账户

该账户借方登记企业预付的款项和收货后补付的款项，贷方登记企业实际收到所购货物的应付金额和对方退回的多付款项。期末余额如在借方，反映企业预付的款项；期末余额如在贷方，反映企业尚未补付的款项。

该账户应按供应单位设置明细账，进行明细分类核算。例如，预付账款——××单位。

 预付款项情况不多的小企业，也可以不设置本账户，将预付的款项直接计入"应付账款"账户的借方。

2. "预收账款"账户

该账户贷方登记企业预收的款项和销售货物后补收的款项，借方登记企业实际销售货物的应收金额和退回对方多收款项。期末余额如在贷方，反映企业预收的款项；期末余额如在借方，反映企业尚未收回的款项。

该账户应按供应单位设置明细账，进行明细分类核算。例如，预收账款——××单位。

预收款项情况不多的小企业，也可以不设置本账户，将预收的款项直接计入"应收账款"账户的贷方。

（三）主要的账务处理

1. 销货方的主要账务处理

（1）按合同规定向购货方预收的款项：

借：银行存款
　　贷：预收账款——××单位

（2）向购货方提供商品并销售时：

借：预收账款——××单位
　　贷：主营业务收入
　　　　应交税费——应交增值税（销项税额）

（3）收到购货方补付的货款时：

借：银行存款
　　贷：预收账款——××单位

（4）退回多收的款项时：

借：预收账款——××单位
　　贷：银行存款

2. 购货方的主要账务处理

（1）按合同规定向销货方预付货款：

借：预付账款——××单位
　　贷：银行存款

（2）收到所购的货物时：

借：原材料、在途物资
　　　应交税费——应交增值税（进项税额）
　　贷：预付账款——××单位

（3）补付货款时：

借：预付账款——××单位
　　贷：银行存款

（4）收回多付的货款时：

借：银行存款
　　贷：预付账款——××单位

五、其他应收款、其他应付款的核算

（一）其他应收款、其他应付款的含义

1. 其他应收款的含义

其他应收款是指小企业除应收账款、应收票据、预付账款、应收利息、应收股利等以外的其他各种应收及暂付款项。主要包括：

{
  应收的各种赔款
  应收出租包装物的租金
  应向职工收取的各种垫付款项
  存出保证金
  其他各种应收、暂付款项
}

2. 其他应付款的含义

其他应付款是指小企业除应付账款、应付票据、预收账款、应付职工薪酬、应交税费、应付利息、应付利润等以外的其他各种应付及暂收的款项。主要包括：

{
  应付租入固定资产、包装物的租金
  存入保证金
  职工未按期领取的薪酬
  其他各种应付、暂收款项
}

（二）其他应收款和其他应付款核算的账户设置

1. "其他应收款"账户

该账户借方登记企业其他应收款项的发生数额，贷方登记企业收回或转销的其他应收款项，期末余额在借方，反映企业尚未收回的其他应收款项。

该账户应按照其他应收款的项目和对方单位（或个人）设置明细账，进行明细分类核算。例如，其他应收款——存出保证金（××单位）。

2. "其他应付款"账户

该账户贷方登记企业其他应付款项的发生数额，借方登记企业实际支付或转销的其他应付款项，期末余额在贷方，反映企业尚未支付的其他应付款项。

该账户应按照其他应付款的项目和对方单位（或个人）设置明细账，进行明细分类核算。例如，其他应付款——存入保证金（××单位）。

（三）主要的账务处理

1. 其他应收款的账务处理其他应付款

（1）发生其他各种应收款项时：

借：其他应收款
　　贷：库存现金

　　　　银行存款
　　　　固定资产清理
　　　　待处理财产损溢
（2）收回其他各种应收款项时：
借：库存现金
　　银行存款
　　管理费用
　　应付职工薪酬
　　贷：其他应收款
2. 其他应付款的账务处理
（1）发生其他各种应付款项时：
借：管理费用
　　制造费用
　　库存现金
　　银行存款
　　贷：其他应付款
（2）支付其他各种应付款项时：
借：其他应付款
　　贷：银行存款
　　　　库存现金

六、坏账损失

小企业的各项应收及预付款项可能因购货人拒付、破产、死亡等原因而无法收回，这类无法收回的应收及预付款项就是坏账。因坏账而遭受的损失为坏账损失。

小知识：小企业应收及预付款项符合下列条件之一的，减除可收回的金额后确认的无法收回的应收及预付款项，作为坏账损失：

（1）债务人依法宣告破产、关闭、解散、被撤销，或者被依法注销、吊销营业执照，其清算财产不足清偿的。
（2）债务人死亡，或者依法被宣告失踪、死亡，其财产或者遗产不足清偿的。
（3）债务人逾期3年以上未清偿，且有确凿证据证明已无力清偿债务的。
（4）与债务人达成债务重组协议或法院批准破产重整计划后，无法追偿的。
（5）因自然灾害、战争等不可抗力导致无法收回的。
（6）国务院财政、税务主管部门规定的其他条件。

应收及预付款项的坏账损失应当于实际发生时计入营业外支出，同时冲减应收及预付款项。其会计分录如下：

借：营业外支出
　　贷：应收账款——××单位
　　　　预付账款——××单位

第二部分　往来账款业务实施

业务一　应收账款和应付账款

 任务　应收账款和应付账款的账务处理

任务描述

迦南有限责任公司 2014 年 1 月 10 日向启迪有限责任公司销售 A 产品一批，开出的增值税专用发票上注明的价款为 500000 元，增值税为 85000 元。另外，迦南有限责任公司以银行存款支付代垫运杂费 1000 元。款项双方尚未结算。

任务实施

迦南有限责任公司的账务处理为：

借：应收账款——启迪有限责任公司　　　586000
　　贷：主营业务收入——A 产品　　　　　　500000
　　　　应交税费——应交增值税（销项税额）　85000
　　　　银行存款　　　　　　　　　　　　　1000

启迪有限责任公司的账务处理为：

借：原材料——原料及主要材料（A 材料）　501000
　　应交税费——应交增值税（进项税额）　　85000
　　贷：应付账款——迦南有限责任公司　　　586000

业务二　坏账损失

　**任务　坏账损失的账务处理**

任务描述

2014年1月10日，因债务人大洋公司破产，迦南有限责任公司将一笔20000元的应收账款确认为坏账损失。

任务实施

迦南有限责任公司的账务处理为：

借：营业外支出　　　　　　　　　　　　　20000
　　贷：应收账款——大洋公司　　　　　　　　20000

业务三　应收票据和应付票据

　**任务　应收票据和应付票据的账务处理**

任务描述

迦南有限责任公司2014年1月10日向启迪有限责任公司销售B产品一批，开出的增值税专用发票上注明的价款300000元，增值税51000元。当日迦南有限责任公司收到启迪有限责任公司签发并承兑的不带息的商业承兑汇票一张，期限6个月。

任务实施

迦南有限责任公司的账务处理为：

步骤1：1月10日，迦南有限责任公司收到商业承兑汇票时：

借：应收票据——启迪有限责任公司　　　　351000
　　贷：主营业务收入——B产品　　　　　　　300000
　　　　应交税费——应交增值税（销项税额）　51000

步骤2：7月10日，商业承兑汇票到期，迦南有限责任公司款项收妥时：

借：银行存款　　　　　　　　　　　　　　351000
　　贷：应收票据——启迪有限责任公司　　　　351000

　动动手

7月10日，商业承兑汇票到期，如果迦南有限责任公司收到银行退回的商业承兑汇票、委托收款凭证、未付票款通知书或拒接付款证明时，其账务处理为：

启迪有限责任公司的账务处理为：

步骤1：1月10日，启迪有限责任公司签发商业承兑汇票时：

借：原材料——原料及主要材料（A材料）　　501000
　　应交税费——应交增值税（进项税额）　　85000
　　贷：应付票据——迦南有限责任公司　　　　586000

小知识：若公司签发的是银行承兑汇票，当其向银行申请承兑，需支付承兑手续费，其账务处理为：
　　借：财务费用
　　　　贷：银行存款

步骤2：7月10日，商业承兑汇票到期，启迪有限责任公司支付款项时：

借：应付票据——迦南有限责任公司　　　351000
　　贷：银行存款　　　　　　　　　　　　351000

7月10日，商业承兑汇票到期，如果启迪有限责任公司无力付款时，应如何做账务处理？

小知识：如果公司签发的是银行承兑汇票，若银行承兑汇票到期，公司无力付款，则由承兑银行承担付款责任，那么公司账务处理如下：
　　借：应付票据——××公司
　　　　贷：短期借款

业务四　应收票据贴现核算

　任务　企业持商业汇票贴现的账务处理

小知识：贴现是指票据持有人将未到期的商业票据背书后送交银行，银行受理后，从票据的到期值中扣除按银行贴现率计算确定的贴现利息，然后将余额付给贴现企业的业务活动。票据贴现实质上是一种融通资金的行为。

　企业持有的应收票据在到期前，如果出现资金短缺，可以持未到期的商业汇票向其开户银行申请贴现，以便获得所需的资金。

贴现相关计算公式如下：

贴现所得 = 票据到期值 – 贴现利息

贴现利息 = 票据到期值 × $\dfrac{年贴现率}{365}$ × 贴现期（贴现期是指贴现日至票据到期前1日的天数）

商业汇票种类	票据到期值
不带息商业汇票	票据面值
带息商业汇票	票据面值+票据到期利息 注：票据到期利息=票据面值×票据利率×票据期限

任务描述

迦南有限责任公司2014年4月7日向远大公司销售一批A产品，货已发出，增值税专用发票注明的商品价款为200000元，增值税为34000元。当日收到远大公司签发并承兑的不带息的商业承兑汇票一张，期限为3个月，票面金额为234000元。2014年6月7日，迦南有限责任公司将持有远大公司的商业承兑汇票向银行申请贴现（不附追索权），贴现年利率为5.5%，取得的贴现款存入银行。

任务实施

步骤1：计算迦南有限责任公司持有商业承兑汇票的贴现所得：

出票日：2014年4月7日

贴现日：2014年6月7日 ⎫ 贴现期 = 30天

到期日：2014年7月7日 ⎭

由于此票据不带息，票据到期值 = 面值 = 234000（元）

贴现利息 = 234000 × 5.5% ÷ 365 × 30 = 1057.81（元）

贴现所得 = 234000 – 1057.81 = 232942.19（元）

步骤2：2014年6月7日迦南有限责任公司将持有的商业承兑汇票贴现后，取得贴现款存入银行的账务处理如下：

借：银行存款　　　　　　　　　　　　　232942.19
　　财务费用　　　　　　　　　　　　　　1057.81
　　贷：应收票据——远大公司　　　　　　　　234000

贴现利息实质是企业为提前使用商业汇票的票面到期值而支付给银行的代价。

若迦南有限责任公司向银行申请贴现的商业承兑汇票是附追索权，应如何做账务处理？

业务五 预收账款和预付账款

 任务 预收账款和预付账款的账务处理

任务描述

迦南有限责任公司2014年6月9日按合同预付立诚公司购货款30000元;7月5日,迦南有限责任公司收到立诚公司发来的货物及增值税专用发票,并将该货物作为原材料入库。增值税专用发票注明货物的价款为40000元,增值税为6800元;7月25日,迦南有限责任公司以银行存款补付上述差价款。

任务实施

迦南有限责任公司的账务处理为:

步骤1:6月9日,预付货款时:

借:预付账款——立诚公司　　　　　　　　30000
　　贷:银行存款　　　　　　　　　　　　　　30000

步骤2:7月5日,收到货物及增值税专用发票,并验收入库时:

借:原材料　　　　　　　　　　　　　　　40000
　　应交税费——应交增值税(进项税额)　　6800
　　贷:预付账款——立诚公司　　　　　　　　46800

步骤3:7月25日,补付差价款时:

借:预付账款——立诚公司　　　　　　　　16800
　　贷:银行存款　　　　　　　　　　　　　　16800

 动动手

若迦南有限责任公司2014年6月9日按合同预付立诚公司的购货款是50000元,那么2014年7月5日和7月25日应如何做账务处理?

7月5日:

7月25日:

立诚公司的账务处理为:

步骤1:6月9日,收到预付货款时:

借:银行存款　　　　　　　　　　　　　　30000

贷：预收账款——迦南有限责任公司　　　　　30000
步骤 2：7 月 5 日，发出货物，确认收入时：
借：预收账款——迦南有限责任公司　　　　46800
　　贷：主营业务收入　　　　　　　　　　　　40000
　　　　应交税费——应交增值税（销项税额）　6800
步骤 3：7 月 25 日，收到差价款时：
借：银行存款　　　　　　　　　　　　　　　16800
　　贷：预收账款——迦南有限责任公司　　　　16800

若立诚公司 2014 年 6 月 9 日按合同收到迦南有限责任公司预付购货款 50000 元，那么 2014 年 7 月 5 日和 7 月 25 日应如何做账务处理？

7 月 5 日：

7 月 25 日：

业务六　其他应收款和其他应付款

　任务　其他应收款和其他应付款的账务处理

任务描述

迦南有限责任公司 2014 年 1 月发生以下业务：

（1）5 日为职工垫付水电费 3000 元，款项已开出转账支票支付。

（2）8 日向宏达公司出租包装物一批，收取押金 7020 元存入银行。

（3）10 日公司行政管理部门李瑾预借差旅费 3000 元，已现金付讫。

（4）18 日公司因生产产品向大华公司租入设备一台，以银行存款支付租入设备的押金 20000 元。

（5）21 日将 2013 年租入的设备退还给东林公司，收回押金 10000 元，款项存入银行。

（6）29 日行政管理部门李瑾出差回来，报销差旅费 2800 元，交回多余现金 200 元。

（7）30 日向宏达公司出租包装物逾期不能收回，没收其押金 7020 元。

（8）31 日结转向大华公司租入设备的本期应付租金 50000 元。

任务实施

迦南有限责任公司的账务处理为：

（1）5日，垫付水电费时：

借：其他应收款——应向职工收取的垫付款　　3000
　　贷：银行存款　　　　　　　　　　　　　　　　3000

（2）8日，出租包装物，收取押金时：

借：银行存款　　　　　　　　　　　　　　　　7020
　　贷：其他应付款——存入保证金（宏达公司）　　7020

（3）10日，职工预借差旅费时：

借：其他应收款——李瑾　　　　　　　　　　3000
　　贷：库存现金　　　　　　　　　　　　　　　　3000

（4）18日，租入设备，支付押金时：

借：其他应收款——存出保证金（大华公司）　20000
　　贷：银行存款　　　　　　　　　　　　　　　　20000

（5）21日，收回原租入设备的押金时：

借：银行存款　　　　　　　　　　　　　　　　10000
　　贷：其他应收款——存出保证金（东林公司）　　10000

（6）29日，职工报销差旅费时：

借：管理费用　　　　　　　　　　　　　　　　2800
　　库存现金　　　　　　　　　　　　　　　　　200
　　贷：其他应收款——李瑾　　　　　　　　　　　3000

（7）30日，没收包装物押金时：

借：其他应付款——存入保证金（宏达公司）　　7020
　　贷：营业外收入　　　　　　　　　　　　　　　6000［7020÷（1+17%）］
　　　　应交税费——应交增值税（销项税额）　　　1020（6000×17%）

（8）31日，结转本期应付租金时：

借：制造费用　　　　　　　　　　　　　　　　50000
　　贷：其他应付款——应付租金（大华公司）　　　50000

　"其他应收款"与"其他应付款"之间有往来对应关系吗？

项目六　所有者权益

学习目标：
(1) 熟悉所有者权益的概念和内容。
(2) 掌握小企业实收资本的账务处理。
(3) 掌握资本公积形成和使用的账务处理。
(4) 掌握盈余公积提取和使用的账务处理。
(5) 掌握未分配利润形成过程的账务处理。

业务目标：
(1) 能进行实收资本增加和减少的账务处理。
(2) 能进行资本公积增加、减少和使用的账务处理。
(3) 能进行盈余公积提取和使用的账务处理。
(4) 会未分配利润的计算以及能进行利润分配过程的相关账务处理。

第一部分　所有者权益理论基础

一、所有者权益的概念和构成内容

(一) 所有者权益的概念

所有者权益是指小企业资产扣除负债后由所有者享有的剩余权益。

所有者权益 = 资产 − 负债

> **小知识**：所有者权益的特征：
> ①除非小企业发生减资、清算，否则小企业不需要将所有者权益返还给投资者。
> ②小企业清算时，负债将优先偿还，而所有者权益只有在全部负债得到偿还后，才能得到返还。
> ③所有者凭借所有者权益能够参与企业经营管理、重大决策并分享利润。

债权人可以分享利润吗？为什么？

（二）所有者权益的构成

所有者权益的构成 { 实收资本 / 资本公积 / 盈余公积 / 未分配利润

二、实收资本（股本）

（一）实收资本的含义

实收资本是指投资者按照合同协议约定或者相关规定投入小企业构成小企业注册资本的部分。所有者投入资本的方式如下：

{ 货币性资产：现金、应收账款等 / 非货币性资产：如存货、固定资产、无形资产等

（二）投入资本的账户设置

1. 设置账户

（1）小企业（非股份有限公司）：设置"实收资本"账户。

（2）小企业（股份有限公司）：设置"股本"账户。

2. 核算内容

"实收资本"账户核算小企业收到投资者按照合同协议约定或相关规定投入的、构成注册资本的部分。该账户贷方登记企业实际收到投资者的出资和增加资本的金额，借方登记企业按法定程序减资时所减少的注册资本数额，本科目期末贷方余额，反映小企业实收资本总额。

该账户应按投资者进行明细核算，如实收资本——××企业。

 小企业收到投资者出资额超过其在注册资本中所占份额的部分，作为资本溢价，在"资本公积"账户核算，不在本账户核算。

（三）实收资本的主要账务处理

1. 小企业增加资本

（1）小企业收到投资者的出资时：

借：银行存款
　　原材料、库存商品（评估确认的不含税价）

固定资产、无形资产（评估确认价+支付的相关税费）
应交税费——应交增值税（进项税额）（取得按税法规定准予抵扣的增值税专用发票）
　　贷：实收资本——某投资人（投资占注册资本份额的部分）
　　　　资本公积——资本溢价（投资超过其注册资本中所占份额的部分）
　　　　银行存款
（2）资本公积、盈余公积转增资本时：
借：资本公积、盈余公积
　　贷：实收资本
2. 小企业减少注册资本
借：实收资本、资本公积等
　　贷：库存现金、银行存款等

> **小知识**：一般情况下，小企业的实收资本不能随意减少，尤其法律禁止投资者在企业成立后，抽逃出资。
> 　　小企业实收资本依法减少的原因主要有两种：①资本过剩。②小企业发生重大亏损。

三、资本公积

（一）资本公积的含义

资本公积是指小企业收到的投资者出资额超过其在注册资本或股本中所占份额的部分。

（二）账户设置

1. 设置账户

设置"资本公积"账户。

2. 核算内容

"资本公积"账户核算小企业收到投资者出资额超出其在注册资本中所占份额的部分。该账户贷方登记资本公积增加数额，借方登记资本公积减少数额，期末贷方余额，反映小企业资本公积总额。

资本公积可用于转增注册资本，不得用于弥补亏损。

（三）资本公积的有关账务处理

1. 小企业资本公积增加

借：银行存款、其他应收款、固定资产、无形资产等
　　贷：实收资本（按照其在注册资本中所占份额）
　　　　资本公积（按照其差额）

2. 小企业资本公积减少

用资本公积转增注册资本，冲减资本公积：

借：资本公积
　　贷：实收资本

四、盈余公积

（一）盈余公积的含义

盈余公积是指小企业按照法律规定在税后利润中提取的法定公积金和任意公积金。

盈余公积和未分配利润成为企业的留存收益。

（二）账户设置

1. 设置账户

设置"盈余公积"账户。

2. 核算内容

"盈余公积"账户核算小企业（公司制）按照《公司法》规定在税后利润中提取的：①法定公积金。②任意公积金。该账户贷方盈余公积增加数额，借方登记盈余公积减少数额；期末贷方余额，反映小企业（公司制）的法定公积金和任意公积金总额。

该账户设置"法定盈余公积"和"任意盈余公积"两个明细账户，进行明细分类核算。

"法定盈余公积"和"任意盈余公积"分别核算什么？

盈余公积可用于弥补亏损和转增注册资本；而资本公积不能用于弥补亏损。

（三）盈余公积的主要账务处理

1. 小企业盈余公积增加（按规定提取盈余公积）

借：利润分配——提取法定盈余公积

　　　　　——提取任意盈余公积
　　　贷：盈余公积——法定盈余公积
　　　　　　　　——任意盈余公积

2. 小企业盈余公积减少

（1）用盈余公积转增注册资本时：

借：盈余公积
　　贷：实收资本

（2）用盈余公积弥补亏损时：

借：盈余公积
　　贷：利润分配——盈余公积补亏

五、未分配利润

（一）未分配利润的含义

未分配利润是指小企业实现的净利润，经过弥补亏损、提取法定公积金和任意公积金、向投资者分配利润后，留存在本企业的历年结存利润。

（二）账户设置

1."本年利润"账户

该账户核算小企业当期实现的净利润（或发生的净亏损）。贷方登记当期期末转入的各收益类账户余额，借方登记当期期末转入的支出类账户余额，期末本账户贷方余额反映当期实现的净利润，借方余额反映当期发生的净亏损。

2."利润分配"账户

该账户核算小企业利润的分配（或亏损的弥除）和历年分配（或弥补）后的余额。该账户贷方登记转入可供分配的利润数额，借方登记企业进行的利润分配，年末账户贷方余额反映企业历年滚存的利润数额，借方余额反映企业历年滚存的亏损数额。

该账户按小企业利润分配的去向设置明细账户，进行明细核算，如利润分配——提取法定盈余公积等。

年末结转后，"利润分配"账户只有所属明细账户"未分配利润"有数额，其余明细账户无余额。

（三）未分配利润的主要账务处理

1. 期末（损益类账户全部结转到"本年利润"账户）

（1）损益类中的收益结转：

借：主营业务收入

其他业务收入
营业外收入
投资收益（贷方余额）
贷：本年利润

（2）损益类中的支出结转：
借：本年利润
　　贷：主营业务成本
　　　　其他业务成本
　　　　营业税金及附加
　　　　销售费用
　　　　管理费用
　　　　财务费用
　　　　营业外支出
　　　　所得税费用
　　　　投资收益（借方余额）

结转后"本年利润"的贷方余额为当期实现的净利润；借方余额为当期发生的净亏损。

2. 结转利润

完成12月的账务处理后，"本年利润"账户反映当年1~12月形成的净利润或发生的亏损，进行年度利润结转，将其转入"利润分配"账户。

（1）结转本年净利润：
借：本年利润
　　贷：利润分配——未分配利润

（2）结转本年发生的亏损：
借：利润分配——未分配利润
　　贷：本年利润

"本年利润"账户和"利润分配"账户有什么关系？年度结转后，"本年利润"账户有余额吗？

3. 利润分配

（1）按规定提取盈余公积：
借：利润分配——提取法定盈余公积
　　　　　　——提取任意盈余公积

贷：盈余公积——法定盈余公积
　　　　　　——任意盈余公积

（2）小企业根据有关规定分配利润给投资者：

　　借：利润分配——应付利润
　　　　贷：应付利润

4. 结转"未分配利润"

将"利润分配"科目所属明细科目（应付利润、提取法定盈余公积、提取任意盈余公积等）的余额转入本科目明细科目（未分配利润）。

　　借：利润分配——未分配利润
　　　　贷：利润分配——应付利润
　　　　　　　　　　——提取法定盈余公积
　　　　　　　　　　——提取任意盈余公积

年末分配完毕，"利润分配"所属明细账户中，只有"利润分配——未分配利润"账户有余额。该账户年末贷方余额，反映小企业的历年滚动留存的未分配利润；借方余额表示小企业历年滚动结存的未弥补亏损。

（四）未分配利润的计算

小企业的未分配利润是历年滚动的结存数，通过如下公式计算得出：

未分配利润 = 期初未分配利润 + 本期实现的利润 − 本期已分配的利润

注意：

（1）若不在年末，一般不进行利润分配，本期累计的净利润（亏损）由"本年利润"科目反映：

未分配利润 = 期初未分配利润 $\begin{matrix} + "本年利润"账户贷方余额（盈利）\\ - "本年利润"账户借方余额（亏损）\end{matrix}$

以上公式中期初若为未弥补亏损，则期初为负数。

（2）年末，"本年利润"账户全部结转到"利润分配——未分配利润"账户，形成当年可供分配的利润，进行利润分配，分配完毕后：

未分配利润 = "利润分配——未分配利润"账户贷方余额（借方余额）

"利润分配——未分配利润"账户借方余额代表什么？

第二部分 所有者权益业务实施

业务一 实收资本

任务 接受投资者的投资

任务描述

2014年1月2日，迦南有限责任公司接受新增投资者宏发有限责任公司投资（所附原始凭证为：①图6-1 股东大会决议。②图6-2 进账单回单）。

迦南有限责任公司二届一次股东大会决议

　　迦南有限责任公司二届一次股东大会于2013年12月31日在公司本部会计室召开，会议由法定代表人刘正林主持。会议应到股东5人，实到股东5人，公司监事列席会议，符合《公司法》与《公司章程》的有关规定，所作决议合法有效。

　　到会股东认真、充分地讨论了公司2014年度增资议案：

　　提议公司注册资本由原1500000元人民币，增加到2000000元人民币，增加注册资本500000元人民币，由新增股东宏发有限责任公司以货币现金增资，认缴的注册资本须于2014年1月10日前全部到位。

　　根据《公司章程》和股东会议规则的有关规定，全体到会股东投票表决，一致通过上述议案。

迦南有限责任公司
二〇一四年一月二日

图6-1 股东大会决议

中国农业银行（ ）进账单（回单） ①

科目：				2014年1月2日		对方科目：									
款项来源	投资方出资款	收款人	全称	迦南有限责任公司											
款项种类	票据（分页填写）		账号	087-62376522											
人民币（大写）：捌拾万元整					千	百	十	万	千	百	十	元	角	分	
					¥	8	0	0	0	0	0	0	0	0	
托收票据目录 第1页	共 页	票据种类	金额												
			百	十	万	千	百	十	元	角	分				
付款单位账号	凭证号码														
296-05311619	TA511322	支票	¥	8	0	0	0	0	0	0	0	0			
										(收款银行盖章)					

此联由银行盖章后退回单位

图6-2 银行回单

任务实施

由原始凭证可知，宏发有限责任公司投入的是 80 万元，但只占迦南公司注册资本总额 200 万元的份额为 25%，即 200×25%＝50（万元）。账务处理为：

借：银行存款　　　　　　　　　　　　800000
　　贷：实收资本——宏发有限责任公司　　500000
　　　　资本公积——资本溢价　　　　　　300000

 动动手

如果该公司新增投资者以存货、固定资产和无形资产方式来投资，分别进行账务处理：

① 存货：

② 固定资产（设备）：

③ 无形资产：

 如果该公司因经营规模缩小、严重亏损等原因而减少注册资本，按法定程序报批办理了资本变更手续，如何进行账务处理？

业务二　资本公积

 任务　资本公积转增注册资本

任务描述

2014年1月2日，假定迦南有限责任公司根据股东大会决议并按照程序办理相关批准手续，用资本公积80万元转增注册资本。

任务实施

账务处理为：

```
借：资本公积                           800000
    贷：实收资本                           800000
```

业务三　盈余公积和未分配利润

 **任务1　将全年实现的净利润从"本年利润"科目结转到"利润分配"科目**

任务描述

假定迦南有限责任公司2014年度初未分配利润为15万元。本年度实现净利润45万元，将其从"本年利润"科目转入"利润分配"科目。

任务实施

根据上述资料，编制会计分录为：

```
借：本年利润                           450000
    贷：利润分配——未分配利润             450000
```

 **任务2　提取盈余公积**

任务描述

2014年度，迦南有限责任公司根据《公司法》的规定，按税后利润的10%提取法定盈余公积，根据股东大会决议按税后利润8%提取任意盈余公积。

任务实施

根据上述资料，编制会计分录：

```
借：利润分配——提取法定盈余公积         45000
            ——提取任意盈余公积         36000
    贷：盈余公积——法定盈余公积           45000
              ——任意盈余公积           36000
```

假设迦南有限责任公司2014年初未弥补亏损为50万元（已超过税前利润弥补亏损的5年期限），经批准，公司将2014年度实现的净利润45万元弥补亏损后，还有5万元亏损，决定用盈余公积来弥补。该如何进行账务处理？

 **任务3　向投资者分配利润**

任务描述

2014年度，迦南有限责任公司决定向投资者分配利润20万元。

任务实施

根据上述资料,编制会计分录

借:利润分配——应付利润　　　　　　　　200000
　　贷:应付利润　　　　　　　　　　　　　　200000

 **任务4** 结转"利润分配"相关明细科目,核算年末未分配利润

任务描述

2014年末,迦南有限责任公司将"利润分配"有关明细科目结转到"利润分配——未分配利润"科目,核算年末未分配利润。

任务实施

根据上述资料,编制会计分录:

借:利润分配——未分配利润　　　　　　　281000
　　贷:利润分配——提取法定盈余公积　　　　45000
　　　　　　　　——提取任意盈余公积　　　　36000
　　　　　　　　——应付利润　　　　　　　　200000

> **小知识**:当盈余公积中的"法定公积金"累计提取额已达注册资本的50%时,可以不再提取。

通过业务三处理后,迦南有限责任公司2014年末分配利润为(附"利润分配——未分配利润"T形账户):

150000(本年年初)+450000(本年实现的净利润)-281000(年末进行的利润分配)=319000(历年滚存到2014年底的未分配利润)

利润分配——未分配利润

(年末转入本年度的利润分配数额) 281000	150000 (年初余额)
	450000 (年末转入本年度实现的净利润)
	319000 (年末余额)

项目七　收入

学习目标：
（1）熟悉收入的概念和内容。
（2）掌握收入确认和计量的方法。
（3）掌握主营业务收入和其他业务收入的主要内容和账务处理能力。
业务目标：
（1）会进行收入的确认。
（2）会进行商品销售收入的核算。
（3）会进行提供劳务收入的核算。

第一部分　收入理论基础

一、收入的概念和内容

收入是指小企业在日常活动中形成的、会导致所有者权益增加，与所有者投入资本无关的经济利益的总流入。

收入是小企业生存和发展的必要条件，更是利润的重要组成部分，因此对小企业收入的确认是企业财务工作的重要内容。

（一）收入的特征

（1）收入是小企业在日常活动中形成的，而不是从偶然的事件中形成。如"守株待兔"里的那个农夫，他耕地获得的收入就是日常活动中取得的收入，而偶然得到的那只撞死在树上的兔子则不能作为收入。

那只撞死在树上的兔子，对于农夫来说是什么呢？

（2）收入会导致所有者权益的增加。它可能表现为资产的增加或负债的减少，但不包括为第三方代收的款项。

（3）收入是与所有者投入资本无关的经济利益的总流入。

（二）收入的分类

根据不同的标准可以对收入进行不同的分类。

（1）按收入产生的来源分类 $\begin{cases} 销售商品收入 \\ 提供劳务收入 \end{cases}$

（2）按经营业务的主次分类 $\begin{cases} 主营业务收入 \\ 其他业务收入 \end{cases}$

> **小知识：**
>
> （1）不同行业的主营业务收入包括：
>
> 工业企业：销售产成品、提供工业性劳务的收入。
>
> 商品流通企业：销售商品的收入。
>
> 培训机构：提供劳务的收入。
>
> （2）其他业务收入包括工业企业出租固定资产、出租无形资产、销售材料等实现的收入。

二、销售商品收入的核算

销售商品收入是指小企业销售商品取得的收入。

> 这里的商品是广义的，不仅指商品流通小企业销售的商品，还包括制造业小企业生产和销售的产成品、代制品、代修品以及小企业销售的其他构成存货的资产，如原材料、周转材料等。

（一）销售商品收入确认的原则和时点

（1）收入确认的原则。小企业应当在发出商品且收到货款或取得收款权力时，确认商品收入。

（2）收入确认的时点。以下根据现阶段销售商品的常见方式，对销售商品收入确认的时点作出规定，如表7-1所示：

表 7-1　收入的确认方式和确认时点

销售商品的常见方式	销售商品收入确认的时点
采用现金、支票、汇兑等方式	在商品办完发出手续时确认收入
采用托收承付方式	在办妥托收手续时确认收入
采用预收款方式	在发出商品时确认收入
采用分期付款方式	在合同约定的收款日期确认收入
需要安装和检验	在购买方接受商品以及安装和检验完毕时确认收入（如果安装程序比较简单，可在发出商品时确认收入）
采用支付手续费方式委托代销	在收到代销清单时确认收入

小知识： 对于附有销售退回条件的商品销售，如果小企业能够按照以往的经验对退货的可能性作出合理的估计，发出商品时：

（1）将估计不会发生退货的部分确认收入。

（2）估计可能会发生退货的部分，不确认销售收入也不结转销售成本，作为"发出商品"处理，仅表现商品库存的减少。

（二）销售商品收入金额的计量

小企业应当按照从购买方已收或应收的合同或协议价款，确定销售商品收入金额。

若买卖双方只有口头协议价，也可按照口头协议约定的价格确认为收入金额。

（三）销售商品收入账户设置

1. "主营业务收入"账户

该账户核算小企业确认的销售商品或提供劳务等主营业务的收入。贷方登记小企业销售商品或提供劳务确认的收入，借方登记发生销售折让和销货退回而冲减的收入，以及期末结转至"本年利润"账户的主营业务收入，结转后该账户无余额。

本账户可按主营业务的种类设置明细账进行明细分类核算。例如，主营业务收入——销售××产品收入。

2. "其他业务收入"账户

该账户核算小企业确认的除主营业务活动以外的其他日常生产经营活动实现的收入。主要包括出租固定资产、出租无形资产、销售材料等实现的收入。该账户贷方登记小企业确认的其他业务收入，借方登记期末结转至"本年利润"账户的其他业务收入，结转后该账户无余额。

按照其他业务收入种类设置明细账进行明细核算。例如，其他业务收入——出租固定资产的收入。

3. "发出商品"账户

该账户核算企业未满足收入确认条件但已发出商品的成本（或售价）。借方登记发出商品的成本（或售价），贷方登记发出商品满足收入确认条件时，结转销售成本和退回发出商品结转的成本（或售价），期末余额在借方，表示企业发出商品的成本（或售价）。

本账户按照购货单位、商品类别和品种设置明细账进行明细分类核算。例如，发出商品——××公司（A产品）。

（四）小企业商品销售收入的主要账务处理

（1）确认本期实现的商品销售收入或提供劳务收入。

借：银行存款、应收账款等
　　贷：主营业务收入
　　　　应交税费——应交增值税（销项税额）

 小企业一般纳税人在销售时按规定向购买方收取的增值税销项税额计入销售商品收入吗？

（2）发生销售退回。如表7-2所示。

表7-2　销售退回的账务处理

未确认收入的已发出商品的退回	已确认收入的销售商品退回
借：库存商品 　　贷：发出商品	借：主营业务收入 　　　应交税费——应交增值税（销项税额） 　　贷：银行存款、应收账款 同时，按退回商品的成本： 借：库存商品 　　贷：主营业务成本

 如果该项销售已发生现金折扣，应在退回当月一并处理。

（3）期末，将"主营业务收入"的账户余额转入"本年利润"账户。

借：主营业务收入
　　贷：本年利润

（4）其他业务收入的计量及主要的账务处理。

◆ 销售材料。

借：银行存款、应收账款等（按售价和应收的增值税）

贷：主营业务收入（按实现的营业收入）
　　　应交税费——应交增值税（销项税额）（按专用发票上注明的增值税额）
◆ 期末，将"其他业务收入"账户的余额转入"本年利润"账户。
借：其他业务收入
　　贷：本年利润

三、提供劳务的收入

（一）小企业劳务收入的内容

小企业提供劳务的收入，是指小企业从事建筑安装、修理修配、交通运输、仓储租赁、邮电通信、咨询经纪、文化服务、科学研究、技术服务、教育培训、餐饮住宿、中介代理、卫生保健、社区服务、旅游、娱乐、加工以及其他劳务服务活动取得的收入。

需要注意的是：小企业出租固定资产取得的租金收入和出租专利权、商标权、著作权、非专利技术以及其他特许权取得的特许权使用费收入也作为提供劳务收入予以确认，在"其他业务收入"科目核算。

①企业自建厂房属不属于提供劳务？
②企业出租厂房、出租包装物是否属于提供劳务的收入？

（二）小企业劳务收入的类别

（1）不跨会计年度的劳务收入。

（2）跨会计年度的劳务收入。

（三）提供劳务收入账户设置

小企业提供劳务的收入、发生的成本：

（1）属于主营业务的，应在"主营业务收入"、"主营业务成本"、"营业税金及附加"等账户进行核算。

（2）属于其他业务的，应在"其他业务收入"、"其他业务成本"账户核算。

（3）涉及的账户还有"生产成本"等，若是劳务企业对外提供劳务发生的成本，还应设置"劳务成本"账户进行核算。

第二部分　收入业务实施

迦南有限责任公司是一家小型企业，为增值税一般纳税人企业，开户银行为中国农业银行红河市中西支行，账号：0876237652，纳税人识别号：0094024224324，公司地址：云南省红河西门街2号，电话：0873-4789999。

业务一　收入确认

任务描述

迦南有限责任公司2014年1月发生的部分经济业务如下：

（1）1月3日，企业销售一批商品，购买方开出支票支付货款100000元，商品已发出。

（2）1月5日，企业出售一条自用生产线，取得售价款800000元。

（3）1月6日，企业收到A企业交来的因未能按合同交货而支付的罚款收入10000元。

（4）1月6日，收到国家专项拨款200000万元。

（5）1月18日，企业出租一条闲置的生产线，取得租金收入70000元。

（6）1月31日，企业出租一批包装物，取得租金收入8000元。

 动动手

请根据收入的确认条件，判断以上业务中哪些可以确认为收入？

业务二　商品销售收入

一般情况下，企业销售商品首先要考虑商品销售业务是否符合收入确认的条件。符合收入确认条件的，企业应及时确认收入并结转相关的销售成本。

 任务1　一般商品销售收入的核算

任务描述

迦南有限责任公司2月10日向贵州光明公司出售A产品，增值税发票上注明售价100000元，增值税税额17000元（见表7-3）。迦南公司按合同发货，收到光明公司转

账支票一张并办理进账手续（见表7-4）。

表 7-3　贵州省增值税专用发票　　　　　　　　No　03331221
记账联　　　开票日期：2014 年 2 月 10 日

购货单位	名称：贵州光明公司 纳税人识别号：0320090321134 地址电话：贵阳市中华南路 733 号 开户行及账号：贵阳银行云支 23233425	密码区				
货物或应税劳务名称	规模型号	单位	数量	单价	金额	税率	税额
A 产品		件	500	200	100000.00	17%	17000
合计							
价税合计（大写）	人民币壹拾壹万柒仟元整			（小写）¥117000.00			
销货单位	名称：迦南有限责任公司 纳税人识别号：0094024224324 地　址、电　话：云南省红河西门街 2 号　0873-4789999 开户行及账号：农行红河市中西支行 0876237652	备注					

第一联：记账联销货方记账联

收款人：李玉　　复核人：李刚　　开票人：王佳　　销货单位：迦南有限责任公司

表 7-4　　（农业）银行 进账单（回单）　①
2014 年 2 月 10 日　　　　　　　　第 01 号

出票人	名称	贵州光明公司	持票人	名称	迦南有限责任公司								
	账号	23233425		账号	876237652								
	开户银行	贵阳银行云支		开户银行	中国农业银行红河市中西支行	千	百	十	万	千	百	十	元	角	分
人民币（大写）	人民币壹拾壹万柒仟元整					¥	1	1	7	0	0	0	0	0
票据种类	转账支票　GX0940384932U5												
票据张数	1 张												
单位主管：王一　会计：张意　复核：王融 记账：李木					（持票人开户行盖章）								

此联是持票人开户银行交给持票人的收账通知

任务实施

步骤 1：收入已实现，收到货款的商品销售，在开出发票、收到货款时确认收入。

步骤 2：账务处理：

借：银行存款　　　　　　　　　　　　　117000

　　贷：主营业务收入　　　　　　　　　100000

　　　　应交税费——应交增值税（销项税额）　17000

 任务 2　托收承付方式销售商品的核算

任务描述

迦南有限责任公司 2 月 15 日，向贵阳宏达公司销售 A 产品 300 件，商品已发出，开出增值税发票上（见表 7-5）。已向银行办妥托收手续（见表 7-6）。

表 7-5　贵州省增值税专用发票　　　　　　　　　No 03331222
　　　　　　　记账联　　　　　　　　　　　开票日期：2014 年 2 月 15 日

购货单位	名　　称	贵阳宏达公司	密码区			
	纳税人识别号	0320090321134				
	地　址、电　话	贵阳市北京路 233 号				
	开户行及账号	交通银行毓秀支行 45333425				
货物或应税劳务名称	规模型号	单位	数量	单价	金额	税率	税额
A 产品		件	300	200	60000.00	17%	10200.00
合计							
价税合计（大写）	人民币柒万零贰佰元整			（小写）¥70200.00			
销货单位	名　　称	迦南有限责任公司	备注			
	纳税人识别号	0094024224324				
	地　址、电　话	云南省红河西门街 2 号　08734789999				
	开户行及账号	农行红河市中西支行 0876237652				

收款人：李古　　　复核人：李刚　　　开票人：王佳　　　销货单位：迦南有限责任公司

第一联：记账联销货方记账联

表 7-6　托收凭证（受理回单）①
委托日期　　2014 年 2 月 15 日

业务类型	委托收款（□邮划、☑电划）		托收承付（☑邮划、□电划）											
付款人	全称	贵阳宏达公司	收款人	全称	迦南有限责任公司									
	账号	45333425		账号	0876237652									
	地址	贵阳市北京路 233 号		地址	云南省红河西门街 2 号									
金额	人民币（大写）	柒万零贰佰元整			亿	千	百	十	万	千	百	十	元	角	分
									¥	7	0	2	0	0	0	0
款项内容	销售商品收入		托收凭证名称			附寄单证张数								
商品发运情况	已发出		合同名称号码		DA0184793491480									
备注：	款项收妥日期：				收款人开户银行签章									

复核：李晓　　记账：李磊　　2014 年 2 月 15 日　　2014 年 2 月 15 日

此联作为收款人开户行给收款人的受理回单

任务实施

小企业以委托收款或托收承付方式销售商品，应在产品已发出，并向银行办妥托收手续时，通常表明小企业已经取得收款的权利，因此，可以确认收入。

步骤1：手续已办妥，可确认收入。通过增值税专用发票可知，该批产品售价为60000元，增值税为10200元。

步骤2：账务处理：

借：应收账款——贵阳宏达公司　　　　　　70200

　　贷：主营业务收入　　　　　　　　　　　60000

　　　　应交税费——应交增值税（销项税额）　10200

 **任务3　预收账款方式销售商品的核算**

任务描述

迦南有限责任公司2月5日预收了贵州光明公司货款46800元，2月20日向贵州光明公司发出B产品100件，增值税发票上注明售价40000元，增值税税额为6800元（见表7-7）。

表7-7　增值税专用发票　　No 03331223
记账联　　开票日期：2014年2月10日

购货单位	名　　称：贵州光明公司 纳税人识别号：0320090321134 地　址、电　话：贵阳市中华南路733号 开户行及账号：贵阳银行云支 23233425	密码区					
货物或应税劳务名称	规模型号	单位	数量	单价	金额	税率	税额
B产品		件	100	400	40000.00	17%	6800.00
合计							
价税合计（大写）	人民币肆万陆仟捌百元整			（小写）¥46800.00			
销货单位	名　　称：迦南有限责任公司 纳税人识别号：0094024224324 地　址、电　话：云南省红河西门街2号 08734789999 开户行及账号：红河市中西支行 0876237652	备注					

收款人：张一一　　复核人：李刚　　开票人：王佳　　销货单位：迦南有限责任公司

第一联：记账联销货方记账联

任务实施

小企业销售商品采用预收款方式的，发出商品即意味着小企业作为销售方已经收到了购买方支付的最后一笔款项，应将收到的货款全部确认为收入，在此之前预收款确认为负债。

步骤1：采用预收账款方式，发出商品，可确认收入。

步骤2：2月20日，迦南公司的账务处理为：

借：预收账款——贵州光明公司　　　　　　46800

　　贷：主营业务收入　　　　　　　　　　　40000

　　　　应交税费——应交增值税（销项税额）　6800

任务4 销售折扣方式销售商品的核算

销售折扣包括商业折扣和现金折扣。

商业折扣是指小企业为促进商品销售而在商品标价上给予的价格扣除。销售商品涉及商业折扣的，应当按照扣除商业折扣后的金额确定销售商品收入金额。

现金折扣是指债权人为鼓励债务人在规定期限内付款而向债务人提供的债务扣除。销售商品涉及现金折扣的金额，应当按照扣除现金折扣前的金额确定销售商品收入金额。现金折扣应当在实际发生时，计入当期损益。

  任务描述

迦南有限责任公司3月1日向成都锦衣公司销售C商品2000件，每件商品标价为300元（不含增值税），由于是批发出售，迦南公司给予购货方成都锦衣公司10%商业折扣，并在销售合同中规定现金折扣条件为"2/10，1/20，N/30"，商品于3月1日发出，购货方于3月9日付款（转账支票GY0944905）621000元（假定计算现金折扣时不考虑增值税）。

任务实施

步骤1：先需要计算确定销售商品收入的金额。根据销售商品收入金额确定的有关规定，销售商品收入的金额是未扣除现金折扣，但扣除商业折扣后的金额。迦南有限责任公司确认的销售商品收入为540000（2000×300－2000×300×10%）元。

  动动手

请根据任务描述，将表7-8、表7-9填写完整。

表7-8 贵州增值税专用发票
记账联

No 03331224
开票日期：2014年3月1日

购货单位	名　　　称：成都锦衣公司 纳税人识别号：0320090321134 地　址、电　话：成都金牛区沙湾路112号 开户行及账号：工行成都金牛支行	密码区	
货物或应税劳务名称	规模型号	单位	数量	单价	金额	税率	税额
合计							
价税合计（大写）				（小写）			
销货单位	名　　　称： 纳税人识别号： 地　址、电　话： 开户行及账号：	备注	

收款人：王卿　　　复核人：　　　开票人：　　　销货单位：

第一联：记账联销货方记账联

表 7-9　　　（农业）银行 进账单（回单）①

2014 年 3 月 9 日　　　　　　第 01 号

出票人	全称		持票人	全称	
	账号			账号	
	开户银行			开户银行	

人民币（大写）		千	百	十	万	千	百	十	元	角	分

票据种类

票据张数

单位主管：　　会计：　　复核：　　记账：　　　　　　　（持票人开户行盖章）

此联是持票人开户银行交给持票人的收账通知

步骤 2：3 月 1 日销售收入实现时，账务处理：

借：应收账款——成都锦衣公司　　　　　631800

　　贷：主营业务收入　　　　　　　　　540000

　　　　应交税费——应交增值税（销项税额）　91800

步骤 3：由于购货方在 3 月 9 日付款，属于销售实现后的 10 日内付款，所以计算出应享有现金折扣 10800（540000×2%）元。

步骤 4：3 月 9 日收到货款时，账务处理：

借：银行存款　　　　　　　　　　　　621000

　　财务费用　　　　　　　　　　　　 10800

　　贷：应收账款——成都锦衣公司　　　631800

 动动手

①若购货方在 3 月 19 日付款，进行的账务处理为：

②若购货方在 3 月 31 日付款，进行的账务处理为：

 **任务 5　销售折让的核算**

销售折让是指小企业因售出商品的质量不合格等原因而在售价上给予的减让。小企业已经确认销售商品收入的售出商品发生的销售折让，应当在发生时冲减当期商品销售收入。

任务描述

迦南有限责任公司3月14日向成都锦衣公司销售A产品，开出的增值税专用发票上注明的售价为80000元，增值税为13600元（见表7-9），收入已确认，款项未收到。货到后购货方发现商品质量不合格，要求在价格上给予10%的折让，经确认，购货方提出的销售折让要求合理，公司同意并办妥了相关手续，开具了增值税专业发票（红字），允许扣减当期增值税销项税额。

任务实施

步骤1：销售收入确认时，账务处理：

借：应收账款——成都锦衣公司　　　　　　93600
　　贷：主营业务收入　　　　　　　　　　80000
　　　　应交税费——应交增值税（销项税额）　13600

步骤2：发生销售折让时，账务处理：

借：主营业务收入　　　　　　　　　　　　8000
　　应交税费——应交增值税（销项税额）　　1360
　　贷：应收账款——成都锦衣公司　　　　9360

 **任务6　销售退回的核算**

销售退回是指小企业售出的商品由于质量、品种不符合要求等原因发生的退货。小企业已经确认销售商品收入的售出商品发生的销售退回（不论属于本年度还是属于以前年度的销售），应当在发生时冲减当期销售商品收入。

任务描述

迦南有限责任公司3月18日向贵州光明公司销售B产品100件，开出的增值税专用发票上注明的价款为50000元，增值税税额为8500元，该批商品成本20000元。该批商品已发出，购货方已付款。公司已对该项销售确认了销售收入。4月25日，该批商品质量出现严重问题，购货方将该批商品全部退回给迦南公司，迦南公司同意退货，于退货当日支付了退货款，并按规定向购货方开具了增值税专用发票（红字）。4月30日，根据企业的出库单本月发出B产品的500件，总成本为50000元。

任务实施

步骤1：3月18日，销售收入确认时，账务处理：

借：银行存款　　　　　　　　　　　　　　58500
　　贷：主营业务收入　　　　　　　　　　50000
　　　　应交税费——应交增值税（销项税额）　8500

步骤2：3月31日，结转销售成本时，账务处理：

借：主营业务成本　　　　　　　　　　　　20000

　　　　贷：库存商品　　　　　　　　　　　　　　20000
步骤3：4月25日，销售退回时，账务处理：
借：主营业务收入　　　　　　　　　　　　　　50000
　　应交税费——应交增值税（销项税额）　　　8500
　　　　贷：银行存款　　　　　　　　　　　　　　58500
借：库存商品　　　　　　　　　　　　　　　　20000
　　　　贷：主营业务成本　　　　　　　　　　　　20000

对于销售退回中，退回商品的成本。除本例中单独计算退回商品的成本外，还可以从退回当月同种类产品销售数量中扣除已退回产品的数量，得出当月销售的净数量，并据以结算销售成本。

若采用的是从退回当月同种类产品销售数量中扣除已退回产品的数量，得出当月销售的净数量，其他条件不变，本任务应进行的账务处理为：

业务三　提供劳务收入

任务1　不跨会计年度的劳务收入的核算

不跨会计年度的劳务收入即统一会计年度内开始并完成的劳务收入。
（1）确认收入的时间。提供劳务交易完成且收到款项或取得收款权力时确认。
（2）确认收入的金额。从接受劳务方已收或应收的合同或协议价款。即：
收入的金额＝从接受劳务方已收或应收的合同或协议价款

实际上，不跨会计年度的劳务收入的金额计量与销售商品收入的金额计量原则上一致。

2014年5月1日，迦南有限责任公司签订了一项对外安装设备合同。该项安装业务历时3个月，合同总价款60000元，于安装任务完成时一次性支付。5月已发生安装成

本 12000 元，6 月已发生安装成本 6000 元，7 月已发生安装成本 10000，全部用银行存款支付。该业务属于迦南有限责任公司的其他业务，不考虑相关税费。7 月 20 日，该项安装业务完工，收到款项。

任务实施

步骤 1：5 月发生支出时，账务处理：

借：劳务成本　　　　　　　　　　　　　12000
　　贷：银行存款　　　　　　　　　　　　　　12000

步骤 2：6 月发生支出时，账务处理：

借：劳务成本　　　　　　　　　　　　　6000
　　贷：银行存款　　　　　　　　　　　　　　6000

 动动手

步骤 3：7 月发生支出时，账务处理：

步骤 4：完成劳务确认收入时，账务处理：

借：银行存款　　　　　　　　　　　　　60000
　　贷：其他业务收入　　　　　　　　　　　　60000

步骤 5：结转劳务成本，账务处理：

借：其他业务成本　　　　　　　　　　　28000
　　　劳务成本　　　　　　　　　　　　　　28000

任务 2　跨会计年度的劳务收入的核算

跨会计年度的劳务收入即劳务的开始和完成分属不同会计年度时产生的收入：

确认收入的时间：年度资产负债表日。

确认收入的方法：采用"完工百分比法"按照完工进度确认提供劳务收入。

（1）按照提供劳务收入总额乘以完工进度扣除以前会计年度累计已确认提供劳务收入后的金额，确认本年度的提供劳务收入。即：

本年确认的提供劳务收入金额＝提供劳务收入总额×截至本年末劳务的完工程度－以前年度已确认的提供劳务收入累计金额

（2）同时，按照估计的提供劳务成本总额乘以完工进度扣除以前会计年度累计已确认营业成本后的金额，结转本年度营业成本。即：

本年结转的营业成本金额＝估计的提供劳务成本总额×截至本年末劳务的完工程度－以前年度已结转的营业成本累计金额

"完工百分比"下，小企业可以选用以下三种方法来确认完工进度：

- 已完工工作量的测量
- 已经提供的劳务量占应提供劳务总量的比例
- 已经发生的成本占估计的提供劳务成本总额的比例

确定提供劳务收入金额和结转提供劳务成本金额所使用的完工进度必须是同一个进度。

任务描述

2013年10月15日，迦南有限责任公司与贵州星宇公司签订一项对外安装设备合同，安装期为期15个月，合同总收入1200000元，当天预收劳务款300000元。截至2013年12月31日，实际发生的劳务成本为120000元（以银行存款支付），估计为完成合同还将发生劳务成本480000元。迦南有限责任公司按实际发生的成本占估计总成本的比例确定劳务的完工进度。该业务属于迦南有限责任公司的其他业务，不考虑相关税费。则账务处理为：

任务实施

步骤1：2013年10月15日收到预收账款时，账务处理：

借：银行存款　　　　　　　　　　　　　　300000
　　贷：预收账款——贵州星宇公司　　　　　　300000

步骤2：实际发生劳务成本时，账务处理：

借：劳务成本　　　　　　　　　　　　　　120000
　　贷：银行存款　　　　　　　　　　　　　　120000

步骤3：2013年12月31日计算2013年末完工进度：

实际发生的成本占估计总成本的比例 = 120000 ÷ (120000 + 480000) × 100% = 20%
本年度确认提供劳务收入 = 1200000 × 20% = 240000（元）

步骤4：2013年12月31日确认收入时同时结转劳务成本，账务处理：

借：预收账款——贵州星宇公司　　　　　　240000
　　贷：其他业务收入　　　　　　　　　　　　240000
借：其他业务成本　　　　　　　　　　　　120000
　　贷：劳务成本　　　　　　　　　　　　　　120000

确定提供劳务收入金额和结转提供劳务成本金额所使用的完工进度必须是一个进度。

截至 2014 年 12 月 31 日，若上述资料中迦南公司本年度实际发生的劳务成本为 420000 元（以银行存款支付），其他条件不变，则 2014 年的应进行账务处理为：

①2014 年度确认劳务收入时，应用确认的总收入减去 2013 年度已经确认了的劳务收入金额。

②2014 年度确认劳务成本时，应用确认的总成本减去 2013 年度已经确认了的劳务成本金额。

项目八　费用

学习目标：
（1）了解费用的概念和内容。
（2）理解费用的确认与计量。
（3）掌握期间费用的内容和账务处理。
业务目标：
（1）会营业成本的核算。
（2）会营业税金及附加的核算。
（3）会期间费用的核算。

第一部分　费用理论基础

一、费用的概念和内容

费用是指小企业在日常生产活动中发生的、会导致所有者权益减少、与向所有者分配利润无关的经济利益的总流出。费用是小企业的会计要素之一，是利润表的重要组成部分，与收入相对应而存在。

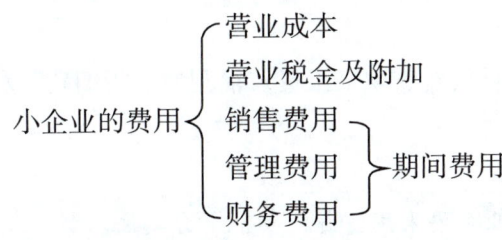

（一）费用的特征
（1）费用是小企业在日常活动中形成的，而不是从偶然的事件中形成。

（2）费用会导致所有者权益的减少。

（3）费用是与向所有者分配利润无关的经济利益的总流出。

 费用的特征和收入的特征的异同？

（二）费用的分类

1. 按照费用功能进行分类

按照费用功能分类，可分为营业成本（或劳务成本）、营业税金及附加和期间费用三大类。

（1）营业成本是指小企业销售商品的成本和所提供劳务成本。

（2）营业税金及附加是小企业开展日常生产经营活动应负担的消费税、营业税、城市维护建设税、资源税、印花税和教育费附加、排污费等。

（3）期间费用。包括销售费用、管理费用、财务费用。

费用的形成及结转流程 如图 8-1 所示：

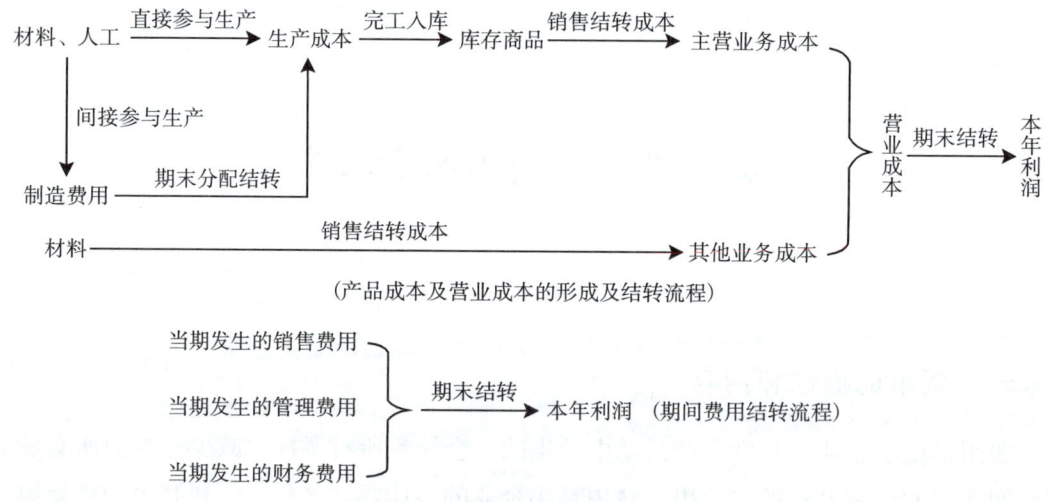

图 8-1　费用的形成及结转流程

2. 按照费用性质分类

按照费用性质进行分类，可分为耗用的材料费、职工工资及福利费、折旧费、利息支出、摊销费等。

 以上两种分类中，小企业主要采用"费用功能"分类法。

二、费用的确认和计量

（一）费用的确认

小企业的费用应当在发生时按照其发生额计入当期损益。小企业已确认销售商品收入和提供劳务收入的，应当将已销售商品和已提供劳务的成本作为营业成本结转至当期损益。

①小企业向广告公司支付的广告费是否能确认为费用？
②小企业行政管理部门使用的电，月末还没有通过银行向供电局转账支付能否确认为费用？

（二）费用的计量

（1）按实际支付的金额计量。如小企业到超市购买办公用品实际花费的金额。

（2）按外部凭证列明的金额计量。如小企业向广告公司支付的广告费。

（3）按内部凭证列明的金额计量。如小企业自制固定资产折旧分配表上的折旧费，自制工资分配表的工资薪金数额。

三、营业成本的核算

（一）产品成本的核算

1. 产品成本核算的程序

小知识：产品成本核算的过程，就是各种要素费用按经济用途进行分配和归集，最后计入本月各种产品成本，按成本项目反映完工产品和期末在产品成本的过程。整个过程秉着"谁受益，谁负担，多受益，多负担"的原则。

（1）选择适当的产品成本计算方法。企业应根据生产特点和管理要求来选择产品成本计算方法。

产品成本计算方法包括：

$\begin{cases} 品种法 \\ 分批法 \\ 分步法 \end{cases}$

产品成本计算方法具体内容将在《成本会计》中进行介绍，本处不再赘述。

(2) 按成本核算程序，进行产品分配并结转成本，如图 8-2 所示：

```
┌─────────────────────────────────────────────┐
│ 对生产经营过程中发生的费用进行确认，确定产品成本的核算范围 │
└─────────────────────────────────────────────┘
                        ↓
┌─────────────────────────────────────────────┐
│ 按照各成本计算对象对本期应计入产品成本的各种费用进行归集和 │
│ 分配，计算各种产品生产成本                       │
└─────────────────────────────────────────────┘
                        ↓
┌─────────────────────────────────────────────┐
│ 将各成本计算对象月初在产品与本月生产费用的合计数在本期完工 │
│ 产品与期末在产品之间进行分配，计算出该种完工产品成本      │
└─────────────────────────────────────────────┘
                        ↓
┌─────────────────────────────────────────────┐
│ 结转各成本计算对象完工产品成本                    │
└─────────────────────────────────────────────┘
```

图 8-2　产品成本分配及结转程序

2. 产品成本核算的账户设置

企业进行产品成本核算一般应设置"生产成本"和"制造费用"等账户。

(1)"生产成本"账户。该账户用于核算企业工业性生产所发生的各项生产成本，包括生产各种产品（产成品、自制半成品等）、提供劳务等所发生的各项生产费用。借方登记企业生产过程中发生的直接材料、直接人工和制造费用，贷方登记生产完成并已验收入库的产品、自制半成品等实际成本，期末余额在借方表示尚未加工完成的在产品成本。

该账户按"基本生产成本"和"辅助生产成本"设置二级账户，"基本生产成本"应按照基本生产车间和成本计算对象（产品品种、批别、生产步骤等）设置明细（或成本计算单），进行明细分类核算。例如：生产成本——基本生产成本（××产品）。

(2)"制造费用"账户。该账户用于核算企业生产车间为生产产品和提供劳务而发生的各项间接费用。借方登记生产车间发生的机物料消耗、固定资料修理费及登记发生的生产车间管理人员的工资等职工薪酬，贷方登记月末分配转入有关成本计算对象的金额，期末一般无余额。

按不同生产车间（或部门）设置明细账，账内按制造费用的项目分设栏目进行明细核算。

除季节性的生产性小企业外，"制造费用"账户期末应无余额。

3. 产品成本核算的主要账务处理

(1) 产品生产过程中发生的各项直接生产成本。

借：生产成本——基本生产成本
　　　　　——辅助生产成本
　　贷：原材料
　　　　库存现金
　　　　银行存款
　　　　应付职工薪酬

（2）产品生产过程中发生的各项间接费用。
借：制造费用
　　贷：原材料
　　　　库存现金
　　　　银行存款
　　　　累计折旧
　　　　应付职工薪酬

（3）月度终了，结转生产车间生产产品应负担的制造费用（分配制造费用计入有关的成本核算对象）。
借：生产成本——基本生产成本
　　　　　——辅助生产成本
　　贷：制造费用

（4）已经完工验收入库的产成品，应于月度终了，按完工产品成本结转库存商品。
借：库存商品
　　贷：生产成本——基本生产成本

本月完工产品成本＝月初在产品成本＋本期发生生产费用－月末在产品成本

（二）营业成本的核算

1. 营业成本核算的内容

营业成本可以是小企业所销售商品的成本，也可以是小企业所提供劳务的成本。

小知识：小企业必须是完成销售商品，确认收入，才能确认营业成本。小企业提供劳务也是如此。小企业必须完成了服务，实现收入后，才能确认成本。

2. 营业成本核算账户设置

（1）"主营业务成本"账户。该账户核算小企业确认销售商品或提供劳务等主营业

务收入应结转的成本。借方登记小企业销售各种商品或提供各种劳务的实际成本；贷方登记销售退回而冲减的成本和期末结转至"本年利润"账户的主营业务成本；结转后该账户无余额。本账户按照主营业务种类设置明细账进行明细分类核算。

（2）"其他业务成本"账户。该账户核算小企业确认除主营业务活动以外的其他日常生产经营活动所发生的支出。主要有销售材料的成本、出租固定资产的折旧费、出租无形资产的摊销额等。借方登记小企业发生的其他业务成本，贷方登记期末结转至"本年利润"账户的其他业务成本，结转后该账户无余额。

本账户按照其他业务成本的种类设置明细账，进行明细分类核算。

3. 营业成本核算的主要账务处理

（1）主营业务成本核算的主要账务处理。

◆ 期末，计算应结转的主营业务成本。

借：主营业务成本
　　贷：库存商品等

◆ 本期发生的销售退回。

可直接从本月的销售数量中减去退回数量的。直接计算本月销售的净数量，无须作退回账务处理。

需单独计算退回商品成本的：

借：库存商品等
　　贷：主营业务成本

◆ 期末，将"主营业务成本"账户的余额转入"本年利润"账户。

借：本年利润
　　贷：主营业务成本

（2）其他业务成本核算的主要账务处理。

◆ 发生其他业务成本时：

借：其他业务成本
　　贷：原材料、周转材料、累计折旧、应交税费等

◆ 期末，将"其他业务成本"账户的余额转入"本年利润"账户。

借：本年利润
　　贷：其他业务成本

四、营业税金及附加的核算

1. 营业税金及附加核算的内容

营业税金及附加是指小企业除企业所得税、允许抵扣的增值税以外的开展日常生产经营活动应负担的各种税金及附加。主要包括消费税、营业税、城市维护建设税、资源

税、土地增值税、城镇土地使用税、房产税、车船税、印花税和教育费附加、矿产资源补偿费、排污费等。小企业在进行账务处理时，无论是主营业务还是其他业务发生的营业税金及附加，均在"营业税金及附加"核算。

 出售企业闲置的厂房产生的营业税计入"营业税金及附加"吗？

2. 营业税金及附加核算的账户设置

（1）设置账户。设置"营业税金及附加"账户。

（2）核算内容。该账户核算小企业开展日常生产经营活动应负担的各种税费。借方登记小企业按照规定计算确定的与其日常生产经营活动相关的税费，贷方登记期末结转至"本年利润"账户的营业税金及附加，结转后该账户无余额。

3. 营业税金及附加核算的主要账务处理

（1）计算应由日常销售业务负担的税金及附加的核算。

借：营业税金及附加
　　贷：应交税费——应交营业税
　　　　　　　——应交消费税
　　　　　　　——应交城市维护建设税
　　　　　　　——应交教育费及附加

（2）收到企业因多交等原因退回的营业税、消费税等原计入"营业税金及附加"的各种税金，应于收到时冲减当期的营业税金及附加。

借：银行存款
　　贷：营业税金及附加

（3）期末，将"营业税金及附加"账户的余额转入"本年利润"账户。

借：本年利润
　　贷：营业税金及附加

五、期间费用的核算

（一）销售费用的核算

1. 销售费用的内容

（1）小企业在销售商品或提供劳务过程中发生的各种费用。销售费用的主要内容包括小企业发生的广告费、展览费、专设销售机构人员的工资、业务宣传费、销售商品发生的装卸费、包装费等。不包括销售商品本身的成本和劳务成本。

（2）商品流通企业在购买商品过程中发生的费用（包括运输费、装卸费、包装费、保险费、运输途中的合理损耗和入库前的挑选整理费等）也构成销售费用。

> 工业企业购买材料过程中发生的费用（包括运输费、装卸费、包装费、保险费、运输途中的合理损耗和入库前的挑选整理费等）计入材料成本。

（3）小企业在实务中如果实际发生了销售佣金、代销手续费、经营性租赁费、销售部门的差旅费等费用也计入销售费用。

> **小知识：** 企业所得税实施条例第四十四条规定：企业发生的符合条件的广告费和业务宣传费支出，除国务院财政、税务主管部门另有规定外，不超过当年销售（营业）收入15%的部分，准予扣除；超过部分，准予在以后纳税年度结转扣除。

2. 销售费用核算的账户设置

（1）设置账户。设置"销售费用"账户。

（2）核算内容。该账户用于核算小企业在销售商品或提供劳务过程中发生的各种费用。借方登记与企业销售商品活动或提供劳务活动有关的费用，贷方登记月末转入"本年利润"账户的金额，期末应无余额。本账户应按照费用项目进行明细账。例如，销售费用——广告费。

3. 销售费用核算的主要账务处理

（1）在销售商品过程中发生的运输费、装卸费、包装费、保险费、展览费和广告费等费用。

　　借：销售费用
　　　　贷：库存现金、银行存款等

（2）发生的为销售商品而专设的销售机构的职工薪酬、业务费等费用。

　　借：销售费用
　　　　贷：银行存款、应付职工薪酬等

（3）期末，将"销售费用"账户的余额转入"本年利润"账户。

　　借：本年利润
　　　　贷：销售费用

（二）管理费用的核算

1. 管理费用的内容

管理费用是小企业为组织和管理生产经营发生的其他费用。管理费用的主要内容包括业务招待费、研究费用、技术转让费、诉讼费、中介机构费、咨询费（含顾问费）、行政部门发生的费用、筹建期间内发生的开办费、相关长期待摊费用摊销等。

行政部门发生的费用主要包括固定资产折旧费、修理费、办公费、水电费、差旅费、管理人员的职工薪酬等。

小知识：企业所得税实施条例第四十三条规定：企业发生的与生产经营活动有关的业务招待费支出，按照发生额的60%扣除，但最高不得超过当年销售（营业）收入的5‰。

2. 管理费用核算的账户设置

（1）设置账户。设置"管理费用"账户。

（2）核算内容。该账户用于核算小企业为组织和管理生产经营发生的其他费用。借方登记小企业在筹建期间内发生的开办费及小企业发生的各项管理费用，贷方登记月末转入"本年利润"账户的金额，期末应无余额。

本账户应按照费用项目进行明细账。例如，管理费用——咨询费。

3. 管理费用核算的主要账务处理

（1）小企业筹建期间发生的开办费。

借：管理费用

　　贷：银行存款等

（2）发生的各项管理费用。

借：管理费用

　　贷：银行存款、应付职工薪酬、累计折旧、应交税费等

（3）期末，将"管理费用"账户的余额转入"本年利润"账户。

借：本年利润

　　贷：管理费用

（三）财务费用的核算

1. 财务费用的内容

财务费用是指小企业为筹建生产经营所需资金发生的筹资费用。财务费用的主要内容包括银行相关手续费、利息费用（减去利息收入）、汇兑损失、小企业给予的现金折扣（减去享受的现金折扣）等。

小知识：为购建固定资产的专门长期借款所发生的借款费用，在固定资产达到竣工决算前按规定需资本化，计入固定资产的价值，不计入财务费用。

2. 财务费用核算的账户设置

（1）设置账户。设置"财务费用"账户。

（2）核算内容。该账户用于核算小企业为筹集生产经营所需资金发生的筹资费用。借方登记小企业发生的各项财务费用，贷方登记发生应冲减财务费用的利息收入、现金折扣等，以及月末转入"本年利润"账户的金额，期末应无余额。

本账户应按照费用项目进行明细账。例如，财务费用——汇兑损失。

3. 财务费用核算的主要账务处理

（1）发生财务费用。

借：财务费用

　　贷：银行存款、应付利息等

（2）发生应冲减财务费用的利息收入、现金折扣等。

借：银行存款、应付账款等

　　贷：财务费用

（3）期末，将"管理费用"账户的余额转入"本年利润"账户。

借：本年利润

　　贷：财务费用

第二部分　费用业务实施

迦南有限责任公司是一家小型企业，企业为一般纳税人企业，存货采用实际成本计价法进行核算。

业务一　营业成本

任务1　完工产品入库的核算

任务描述

迦南有限责任公司3月初A产品在产品200件，成本8000元；本月投产800件，发生成本110000元；月末在产品100件，确定的成本为10000元；本月完工产品900件，月末结转本月完工产品成本的账务处理为：

任务实施

步骤1：计算本月完工产品的成本：

本月完工产品成本 = 8000 + 110000 − 10000 = 108000（元）

步骤 2：结转本月完工产品成本，账务处理：

借：库存商品——产成品（A 产品）　　　　　　108000
　　贷：生产成本——基本生产成本——A 产品　　108000

 **任务 2　营业成本的核算**

任务描述

根据迦南有限责任公司 3 月份"销售业务商品发出汇总表"（见表 8-1），结转已销售商品的实际成本。

表 8-1　销售业务商品发出汇总表
2014 年 3 月 31 日

产品名称	计量单位	数量	单位成本（元）	总成本（元）
A 产品	件	400	120	48000
B 产品	件	125	200	25000
C 产品	件	2000	170	340000
合计				413000

任务实施

结转本月销售商品成本，账务处理：

借：主营业务成本　　　　　　　　413000
　　贷：库存商品——A 产品　　　　48000
　　　　　　　　——B 产品　　　　25000
　　　　　　　　——C 产品　　　　340000

业务二　营业税金及附加

 **任务　营业税金及附加的核算**

任务描述

迦南有限责任公司 2014 年 3 月应交城建税 4200 元，教育费附加 1800 元（见表 8-2）。迦南有限责任公司应进行的账务处理：

表 8-2　应交税金及附加计算表
2014 年 3 月 31 日

项　目	城市维护建设税		应交教育费附加	
计税额	提取比例	提取额	提取比例	提取额
60000	7%	4200	3%	1800

任务实施

借：营业税金及附加　　　　　　　　　　　　6000
　　贷：应交税费——应交城市维护建设税　　　　4200
　　　　　　　　——应交教育费附加　　　　　　1800

业务三　期间费用

 **任务　期间费用的核算**

任务描述

迦南有限责任公司3月份发生以下费用：

（1）3日，为宣传新产品发生广告费40000元，以银行存款支付。

（2）9日，用银行存款支付银行手续费500元。

（3）12日，以银行存款5000元，支付咨询费。

（4）18日，报销财务经理王志的差旅费4000元，用银行存款支付。

（5）20日，无形资产的研究阶段发生的研究费用3000元，用银行存款支付。

（6）23日，销售一批产成品，销售过程中发生运杂费3510元，由本企业承担，已用银行存款支付。

（7）31日，收到银行转来的利息收账通知3000元。

（8）31日是借款合同约定的应付利息日，计提本月应负担的短期借款利息18500元。

（9）31日，根据"职工工资分配汇总表"进行工资费用的分配，其中，本月产品生产人员工资为72000元；车间管理人员工资为15000元；公司行政人员管理人员工资为58000元；销售人员工资为20000元。

任务实施

（1）3日，发生广告费时：
借：销售费用——广告费　　　　　　　　　　40000
　　贷：银行存款　　　　　　　　　　　　　　40000

（2）9日，支付手续费时：
借：财务费用——银行手续费　　　　　　　　　500
　　贷：银行存款　　　　　　　　　　　　　　　500

动动手

请将完成本月期间费用的账务处理:

12 日,支付咨询费:

18 日,报销差旅费:

20 日,支付研发费用:

23 日,支付销售商品运杂费:

31 日,收到利息收账通知:

31 日,计提本月利息:

31 日,进行工资分配:

项目九　利润及利润分配

学习目标：
(1) 理解利润形成和利润分配的核算内容。
(2) 掌握利润的构成内容。
(3) 掌握利润形成和利润分配账务处理。

业务目标：
(1) 会利润形成的核算和有关账务处理。
(2) 会利润分配的核算和有关账务处理。

第一部分　利润及利润分配理论基础

一、利润的概念和构成内容

利润是指小企业在一定会计期间的经营成果。利润反映了小企业在一定会计期间的经营能力和获利能力。利润按形成过程分为营业利润、利润总额和净利润。

二、利润形成的核算

(一) 利润的形成步骤和内容

根据多步式利润表的编制，利润计算的步骤和内容如下：

1. 营业利润

小企业的营业利润是由收入减去营业成本、营业税金及附加、销售费用、管理费用、财务费用、加上投资收益（或减去投资营业外支出）后的金额。即：

营业利润 = 营业收入 − 营业成本 − 营业税金及附加 − 销售费用 − 管理费用 − 财务费用 + 投资收益

其中：

(1) 营业收入是指小企业销售商品和提供劳务所实现的收入总额，包括主营业务收入和其他业务收入。即：

营业收入 = 主营业务收入 + 其他业务收入

（2）营业成本是指小企业所销售商品的成本和所提供劳务的成本，包括主营业务成本和其他业务成本。即：

营业成本 = 主营业务成本 + 其他业务成本

同学们应注意营业收入与营业成本之间存在的配比关系。

（3）投资收益由小企业股权投资取得的现金股利（或利润）、债券投资取得的利息收入和处置股权投资和债券投资取得的处置价款扣除成本或账面余额、相关税费后的净额三部分构成。

2. 利润总额

利润总额是指营业利润加上营业外收入，减去营业外支出后的金额。即：

利润总额 = 营业利润 + 营业外收入 − 营业外支出

其中，营业外收入和营业外支出是在小企业非日常活动中产生的，发生时直接计入当期损益、会导致所有者权益发生增减变动的、与所有者投入资本或者向分配利润无关。

3. 净利润

净利润是指利润总额减去所得税费用后的净额。即：

净利润 = 利润总额 − 所得税费用

其中，所得税费用是指小企业按照税法规定计算的当期应纳所得税额。

（二）营业外收入和营业外支出的核算

1. 营业外收入的核算

（1）营业外收入的概念和内容。营业外收入是指小企业非日常生产经营活动形成的、应当计入当期损益、会导致所有者权益增加、与所有者投入资本无关的经济利益的流入。

寓言故事"守株待兔"里的那只兔子，对农夫来说其实就是营业外收入。同学们想想，生活中你们还觉得有哪些是可以属于营业外收入的呢？

营业外收入主要包括:
- 非流动资产的处置净收益
- 政府补助
- 捐赠收益
- 盘盈收益
- 汇兑收益
- 出租包装物和商品的租金收入
- 期末退包装物押金收益
- 确实无法偿付的应付款项
- 已做坏账营业外支出处理后又收回的应收款项
- 违约金收益

> **小知识**: 政府补助是指小企业从政府无偿取得货币性资产或非货币性资产,但不含政府作为企业所有者投入的资本。
>
> 政府补助形式主要有: ①财政拨款; ②财政贴息; ③税收返还; ④无偿划拨非货币性资产。

(2) 营业外收入的核算和账户设置。

①设置账户。设置"营业外收入"账户。

②核算内容。该账户用于核算小企业实现的各项营业外收入。贷方登记小企业实现的各项营业外收入,借方登记期末将本账户的余额结转入"本年利润"账户的金额,期末结转后无余额。

按营业外收入内容进行明细分类核算。例如,营业外收入——政府补助收入。

(3) 营业外收入核算的主要账务处理。

◆ 生产经营期间,固定资产清理所取得的收益。

借: 固定资产清理
  贷: 营业外收入

◆ 清查财产过程中,查明的固定资产盘盈,按其市价或同类、类似资产的价值。

借: 待处理财产损溢——待处理非流动资产损溢
  贷: 营业外收入

◆ 出售无形资产。

借: 银行存款等 (按实际取得的转让收入)
  贷: 无形资产
    应交税费

营业外收入

◆ 取得的罚款净收入。

借：银行存款等
　　贷：营业外收入

◆ 确认政府补助收入。

借：银行存款等
　　贷：营业外收入

◆ 出租包装物的租金。

借：库存现金、银行存款等
　　贷：营业外收入

◆ 期末，将"营业外收入"账户的余额转入"本年利润"账户。

借：营业外收入
　　贷：本年利润

2. 营业外支出

（1）营业外支出的概念和内容。营业外支出是指小企业非日常生产经营活动发生的、应当计入当期损益、会导致所有者权益减少、与向所有者分配利润无关的经济利益的流出。

营业外支出主要包括：

{
存货的盘亏、毁损和报废净损失
非流动资产处置净损失
坏账损失和无法收回的长期债券投资损失
无法收回的长期股权投资损失
自然灾害等不可抗力因素造成的损失
税收滞纳金
罚金
罚款
被没收财物的损失
捐赠支出
赞助支出
}

营业外支出中包含的支付税收滞纳金、罚金、罚款，被没收财物损失，捐赠支出，赞助支出等项目在会计上确认为营业外支出，在计算企业所得税时要按税法进行纳税调整。

（2）营业外支出核算的账务处理。

①设置账户。设置"营业外支出"账户。

②核算内容。该账户用于核算小企业发生的各项营业外支出。借方登记小企业发生的各项营业外支出，贷方登记期末将本账户的余额结转入"本年利润"账户的金额，期末结转后无余额。

本账户按营业外支出内容进行明细分类核算。例如，"营业外支出——罚款支出"。

（3）营业外支出的主要账务处理。

◆ 支付税收滞纳金、罚金、罚款，确认被没收财物的损失、捐赠支出、赞助支出等。

借：营业外支出
　　贷：银行存款

确认存货的盘亏、毁损、报废损失，非流动资产处置净损失，自然灾害等不可抗力因素造成的损失等的账务处理，参照前述相关章节内容。

◆ 期末，将"营业外支出"账户的余额转入"本年利润"账户。

借：本年利润
　　贷：营业外支出

（三）所得税费用

所得税是指对企业经营所得或其他所得征收的一种税收。小企业应当按照企业所得税法规定计算的当期应纳税额，确认所得税费用。

1. 所得税费用的计算原则

小企业计算所得税费用时应根据《企业所得税法》的规定来计算当期所得税费用。

小知识：小企业采用的所得税计算方法是应付税款法。应付税款法是指企业不确认时间性差异对所得税的影响金额，按照当期计算的应交所得税确认为当期所得税费用的方法。

2. 所得税费用的计算方法

应纳税所得额 = 利润总额 + 纳税调整增加额 − 纳税调整减少额

应交所得税 = 应纳税所得额 × 适用所得税税率

所得税费用 = 应交所得税

纳税调整增加的项目主要有：①超过税法规定标准的列支项目，如业务招待费、捐

赠支出、借款利息等；②税法规定不允许税前扣除的项目，如税收滞纳金、罚金、罚款等；③企业自产产品用于工程建设、职工福利的应计未计收入；④固定资产折旧、无形资产摊销等由于会计确认年限短于税法规定年限而形成的差额等。

纳税调整减少的项目主要有：①取得免税国债利息收益；②固定资产折旧、无形资产摊销等由于会计确认年限长于税法规定年限而形成的差额；③其他免税所得，如符合规定的政府补助等。

> **小知识**：现行《中华人民共和国企业所得税法》，是自2008年1月1日起施行。企业所得税税率为25%。优惠税率：符合条件的小型微型企业，减按20%的税率征收企业所得税。国家需要重点扶持的高新技术企业，减按15%的税率征收企业所得税。

3. 所得税费用的核算

（1）设置账户。设置"所得税费用"账户。

（2）核算内容。该账户用于核算小企业根据所得税法确定的应从当期利润总额中扣除的所得税费用。借方登记小企业按照税法规定计算确定的应交所得税，贷方登记期末将本账户的余额结转入"本年利润"账户的金额，期末结转后无余额。

> ①小企业根据企业所得税法规定补交的所得税，也通过此账户核算。
> ②小企业按照规定实行企业所得税先征后返的，实际收到返还的企业所得税，在"营业外收入"账户核算，而不在此账户核算。

4. 所得税费用核算的主要账务处理

◆ 根据税法规定计算的当期应交所得税。

借：所得税费用
　　贷：应交税费——应交所得税

◆ 期末，将"营业外支出"账户的余额转入"本年利润"账户。

借：本年利润
　　贷：所得税费用

（四）利润形成的账务处理

1. 账户设置

设置"本年利润"账户。

2. 账户结构

该账户核算小企业当期实现的净利润或发生的净亏损。会计期末，贷方登记本期各收益类账户的贷方余额转入的金额，借方登记本期各项成本费用或支出（损益类）账户的借方余额转入的金额。结转后"本年利润"账户如为贷方余额，表示企业当期实现的净利润；如为借方余额，表示企业当期发生的净亏损。年度终了，企业还应将"本年利润"账户的累计余额转入"利润分配——未分配利润"账户。年终结转后，"本年利润"账户应无余额。

3. 利润形成的账务处理

（1）期末，将"主营业务收入"、"其他业务收入"、"投资收益"、"营业外收入"等账户的贷方余额转入"本年利润"账户。

借：主营业务收入
　　其他业务收入
　　营业外收入
　　投资收益
　贷：本年利润

 若"投资收益"账户的余额在借方，应该怎样进行账务处理？

（2）期末，将"主营业务收成本"、"其他业务成本"、"营业税金及附加"、"销售费用"、"管理费用"、"财务费用"、"营业外支出"、"所得税费用"等账户的余额转入"本年利润"账户。

借：本年利润
　贷：主营业务成本
　　　其他业务成本
　　　营业税金及附加
　　　销售费用
　　　管理费用
　　　财务费用
　　　营业外支出

若"财务费用"账户的余额在贷方，应该怎样进行账务处理？

用T形账户来表示账务处理，如图9-1所示。

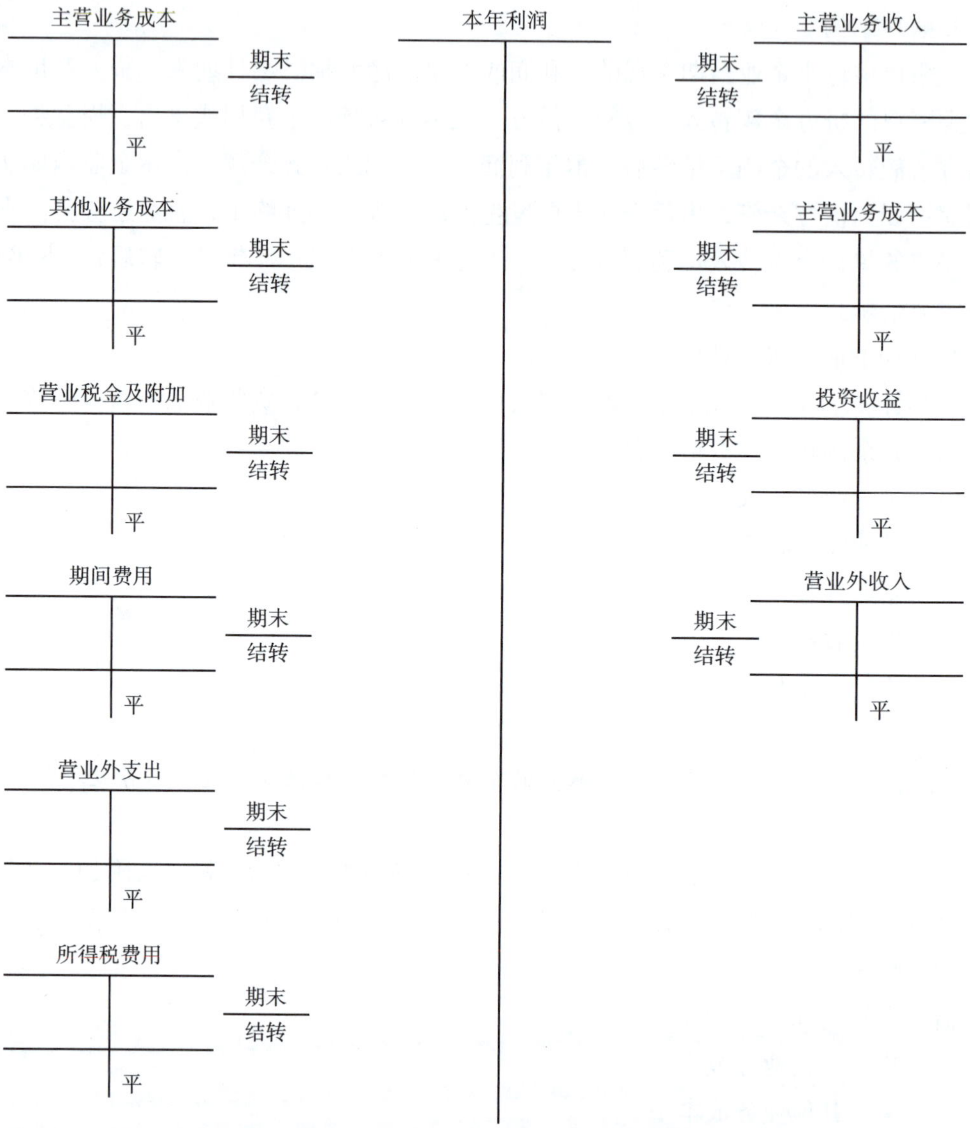

图 9-1 损益类账户期末结转"本年利润"账户

> **小知识**：本年利润的结转方法有"账结法"和"表结法"两种。采用"账结法"时，结转"本年利润"的时间是月末；采用"表结法"时，结转"本年利润"的时间是年末。

三、利润分配的核算

（一）利润分配的内容和分配顺序

利润分配就是小企业将实现利润向投资者进行分配，反映了小企业实现利润的去向。

1. 分配顺序

小企业（公司制）按照当年净利润进行的利润分配顺序如图9-2所示。

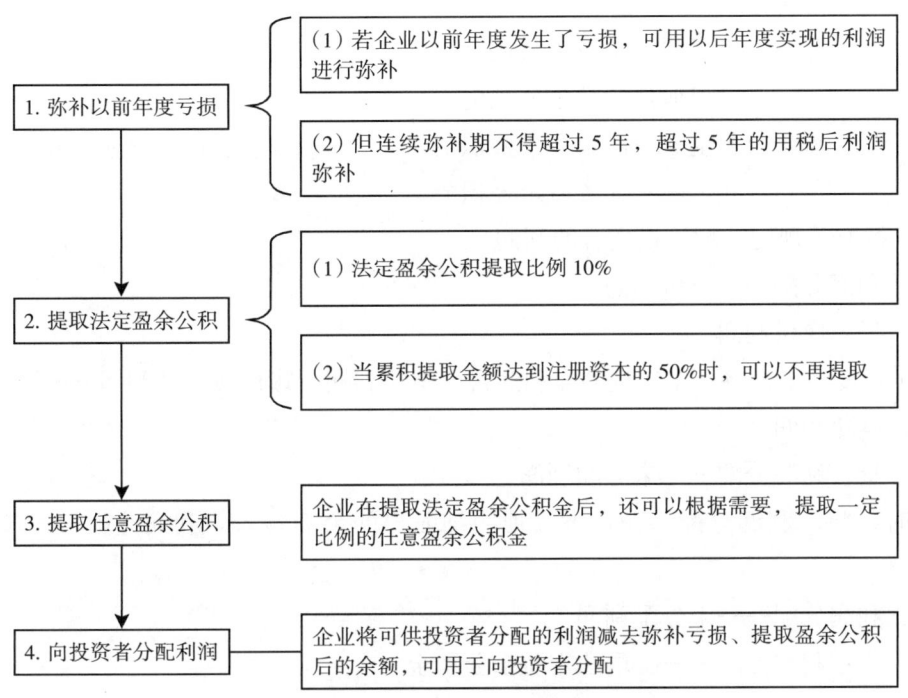

图 9-2 按当年净利润进行的利润分配顺序

2. 小企业实现利润的情况下，利润分配的相关计算

本年可供分配利润 = 本年实现的净利润 + 以前年度累计的未分配利润（减以前年度累计的未弥补亏损）

可供投资者分配的利润 = 本年可供分配利润 − 提取法定盈余公积 − 提取任意盈余公积

未分配利润 = 可供投资者分配的利润 − 应付利润

（二）利润分配核算的账户设置

1. 设置账户

设置"利润分配"账户。

2. 核算内容

该账户用于核算小企业利润的分配（或亏损的弥补）和历年分配（或弥补）后的余额。借方登记提取的法定盈余公积和任意盈余公积、分配的利润，以及年末转入的全年发生的亏损，贷方登记年末转入的全年实现的利润、用盈余公积弥补的亏损。年末贷方余额，表示历年累计未分配的利润；年末借方余额，表示历年累计未分弥补的亏损。

按照"提取法定盈余公积"、"提取任意盈余公积"、"应付利润"、"未分配利润"等

进行明细核算。例如，利润分配——未分配利润。

（三）利润分配核算的主要账务处理

（1）按有关规定提取盈余公积金。

借：利润分配——提取法定盈余公积金
　　　　　　——提取任意盈余公积金
　　贷：盈余公积金——法定盈余公积金
　　　　　　　　　　——任意盈余公积金

（2）按有关规定分配给投资者的利润。

借：利润分配——应付利润
　　贷：应付利润

（3）年度终了，将全年实现的净利润自"本年利润"账户转入"利润分配"账户。

借：本年利润
　　贷：利润分配——未分配利润

同时，将"利润分配"账户下其他明细账户的余额转入"利润分配——未分配利润"账户。

借：利润分配——未分配利润
　　贷：利润分配——提取法定盈余公积金
　　　　　　　　　——提取任意盈余公积金
　　　　　　　　　——应付利润

> **小知识**：年度终了，将全年发生的亏损自"本年利润"账户转入"利润分配"账户。
>
> 借：利润分配——未分配利润
> 　　贷：本年利润

①"本年利润"账户只在每年年末结转入"利润分配"账户。

②企业的利润弥补以前年亏损，不必进行账务处理，账户上会自动平衡。

第二部分 利润及利润分配业务实施

迦南有限责任公司为一般纳税人企业,适用的增值税税率为17%,所得税税率25%,是符合我国《中小企业划型标准规定》所规定的小型企业标准的企业,因此本企业采用了《小企业会计准则》。

业务一 利润形成

 任务1 营业外收入的核算

任务描述

(1) 3月13日,按照国家有关规定,迦南有限责任公司收到先征后返的增值税款80000元。

(2) 3月25日,迦南有限责任公司欠万利公司一笔应付账款50000元,经查确实无法支付批准予以转销。

(3) 3月30日,迦南有限责任公司将其一项专利权出售,取得收入100000元,营业税税额5000元。该无形资产的账面价值200000,累计摊销120000元。

任务实施

(1) 3月13日,收到先征后返的增值税:

借:银行存款　　　　　　　　　　　　　80000
　　贷:营业外收入——政府补助　　　　　　80000

(2) 3月25日,转销无法支付的应付账款:

借:应付账款——万利公司　　　　　　　50000
　　贷:营业外收入——无法支付的账款　　　50000

请根据任务描述完成账务处理:

3月25日,出售专利权:

任务 2 营业外支出的核算

任务描述

（1）3月10日，迦南有限责任公司用银行存款支付税款滞纳金5000元。

（2）3月28日，迦南有限责任公司向"春苗计划"捐款70000元，以银行存款支付。

（3）3月31日，迦南有限责任公司出售一台已无法正常使用，经批准同意提前报废清理的生产线，该生产线原值250000元，累计折旧150000元。在清理过程中，以银行存款支付清理费用10000元，残料变卖，取得收入15000元。

任务实施

（1）3月10日，支付税款滞纳金。

借：营业外支出——税收滞纳金　　　5000
　　贷：银行存款　　　　　　　　　　　　5000

（2）3月28日，向"春苗计划"捐款。

借：营业外支出——捐赠支出　　　70000
　　贷：银行存款　　　　　　　　　　　　70000

动动手

请根据任务描述完成账务处理：

3月31日，出售生产线。

步骤1：转出清理固定资产时：

步骤2：发生清理费用时：

步骤3：结转处置的净亏损时：

小知识：①《企业所得税法》第十条规定：在计算应纳税所得额时，税收滞纳金不得扣除。

②《企业所得税法》第五十三条规定：企业发生的公益性捐赠支出，不超过年度利润总额的12%，准予扣除。

 任务 3　所得税费用的核算

任务描述

迦南有限责任公司某年度按小企业会计准则计算的税前利润总额为 5000000 万元，适用所得税税率为 25%。其中包括营业收入 13000000，本年收到的国债利息收入 50000 元，业务招待费 120000，税收滞纳金 30000 元，公益性捐赠支出 200000 元。假定迦南有限责任公司全年无其他纳税调整因素。

任务实施

步骤 1：计算按照《企业所得税法》允许扣除的业务招待费和允许扣除的公益性捐赠支出。

（1）允许扣除的业务招待费按照所得税法规定计算如下：

分别按发生额 60% 计算、营业收入 5‰ 计算：

120000 × 60% = 72000（元）
13000000 × 5‰ = 65000（元） 　　两者相比取小（65000 元）

允许扣除的业务招待费 = 65000（元）

 若企业的业务招待费发生额为 30000 元，还需进行纳税调整吗？

（2）允许扣除的公益性捐赠支出按照所得税法规定计算如下：

按照利润总额的 12% 计算如下：

5000000 × 12% = 600000（元）

本企业发生的 200000 元公益性捐赠支出未超过允许抵扣的范围，因此此项无须进行纳税调整。

允许扣除的公益性捐赠支出 = 200000（元）

步骤 2：计算应纳税所得额：

应纳税所得额 = 5000000 − 50000 +（120000 − 65000）+ 30000 = 5035000（元）

 动动手

根据上述资料完成步骤 3、步骤 4：

步骤 3：计算应交所得税额 =

步骤 4：账务处理：

| 财务会计 |

 任务 4 利润的核算

任务描述

迦南有限责任公司 2014 年 12 月 31 日，结账前各损益类账户余额如表 9-1 所示。

表 9-1 结转 "本年利润" 账户前各损益类账户余额

2014 年 12 月 31 日   单位：元

损益类账户	结转 "本年利润" 账户前余额
主营业务收入	4583310（贷）
主营业务成本	2675786（借）
其他业务收入	897680（贷）
其他业务成本	499970（借）
营业税金及附加	410550（借）
销售费用	305660（借）
管理费用	528000（借）
财务费用	139080（借）
投资收益	108000（贷）
营业外收入	13056（贷）
营业外支出	43000（借）
所得税费用	250000（借）

 动动手

根据任务描述，将下列账务处理补充完成：

步骤 1：结转各收益类账户余额：

借：主营业务收入　　　　　　　　　　4583310
　　其他业务收入　　　　　　　　　　□
　　□　　　　　　　　　　　　　　　□
　　□　　　　　　　　　　　　　　　□
　　贷：本年利润

步骤 2：结转各项成本、费用或支出账户余额：

借：本年利润
　　贷：□　　　　　　　　　　　　　□
　　　　其他业务成本　　　　　　　　□
　　　　□　　　　　　　　　　　　　□
　　　　销售费用　　　　　　　　　　□
　　　　管理费用　　　　　　　　　　528000
　　　　财务费用　　　　　　　　　　□

· 186 ·

所得税费用	

业务二 利润分配

 **任务 利润分配的核算**

任务描述

迦南有限责任公司 2014 年初未分配利润为 2000000 元，本年实现净利润为 750000 元，按 10%提取法定盈余公积金，5%提取任意盈余公积金，向投资者分配 20 万元利润。

任务实施

步骤 1：提取法定盈余公积金、提取任意盈余公积金。

借：利润分配——提取法定盈余公积金　　75000（750000×10%）
　　　　　　——提取任意盈余公积金　　37500（750000×5%）
　　贷：盈余公积金——法定盈余公积金　　　　75000
　　　　　　　　　——任意盈余公积金　　　　37500

步骤 2：分配给投资者的利润。

借：利润分配——应付利润　　　　　　　　200000
　　贷：应付利润　　　　　　　　　　　　200000

步骤 3：将全年实现的净利润自"本年利润"账户转入"利润分配"账户。

借：本年利润　　　　　　　　　　　　　750000
　　贷：利润分配——未分配利润　　　　　750000

步骤 4：将"利润分配"账户下其他明细账户的余额转入"利润分配——未分配利润"账户。

借：利润分配——未分配利润　　　　　　312500
　　贷：利润分配——提取法定盈余公积金　　75000
　　　　　　　　——提取任意盈余公积金　　37500
　　　　　　　　——应付利润　　　　　　　200000

 **动动手**

根据任务描述及上述账务处理，试将"本年利润"账户和"利润分配"账户的结转关系及其余额，用 T 形账户表示（注意账户之间的结转关系）。

项目十　财务会计报告

学习目标：
（1）理解财务报表的概念和内容。
（2）理解现金流量表的概念、列报要求和结构。
（3）理解附注的概念、披露顺序和内容。
（4）掌握资产负债表概念、结构和编制方法。
（5）掌握利润表概念、结构和编制方法。

业务目标：
（1）会编制小企业资产负债表。
（2）会编制小企业利润表。

第一部分　财务会计报告理论基础

一、财务会计报告

（一）财务会计报告的概念和作用

财务会计报告是指企业对外提供的反映企业某一特定日期财务状况和某一会计期间经营成果、现金流量的文件。它包括了财务报表、附注和其他应在财务会计报告中披露的相关信息和资料。

 财务会计报告的作用是什么？

企业编制财务会计报告主要是为了满足投资者、债权人、政府以及其他使用者对会计信息的需求，帮助他们对企业财务状况和经营成果进行评估。
（1）投资者和债权人：进行合理的投资决策。
（2）企业内部管理者：改善和加强内部管理。

·189·

（3）国家经济管理部门：加强宏观调控和管理。

（二）财务会计报表的内容

财务报表是指对企业财务状况、经营成果和现金流量的结构性表述。具体来说，就是企业对外提供的反映企业某一特定日期财务状况和某一会计期间经营成果、现金流量的一套会计文件。小企业财务报表包括四部分内容：

$$\begin{cases} 资产负债表 \\ 利润表 \\ 现金流量表 \\ 附注 \end{cases}$$

小知识： 小企业财务报表根据需要可分为：

（1）按编制的时间分为：月报、年报（其中编报时间短于一年的称为"中期报表"）。

（2）按照反映的内容分为：资产负债表、利润表、现金流量表。

（3）按照反映财务活动的方式分为：静态报表、动态报表。

财务会计报告应当根据经过审核的会计账簿记录和有关资料编制。

二、资产负债表

（一）资产负债表的概念

资产负债表是指反映企业在某一特定日期的财务状况的报表。由于它反映某一特定日期的会计报表，所以，我们又称它为"静态报表"。企业在某一特定日期的财务状况通过资产负债表中资产、负债和所有者权益及其相互的关系来反映。小企业一般编制：

（1）年度资产负债表。反映的是企业在每年12月31日的财务状况。

（2）月份资产负债表。反映的是企业在每个月月末的财务状况。

从账户的角度看，资产负债表反映的是账户在某一日期的期末余额。

（二）资产负债表的作用

资产负债表的作用，主要体现在两个方面：

1. 反映企业拥有或控制的资源及分布情况

可以提供某一日期资产的总额及其结构，使用者可以一目了然地从资产负债表上了解企业在某一特定日期所拥有的资产总量及其结构。

2. 反映企业负债和所有者权益情况

可以提供某一日期的负债总额及其结构，表明企业未来需要用多少资产或劳务清偿债务以及清偿时间；可以反映所有者拥有的权益，据以判断资本保值、增值的情况以及对负债的保障程度。

（三）资产负债表的结构及组成项目

资产负债表的结构形式，国际上主要有账户式和报告式，我国小企业的资产负债表采用账户式结构。如表10-1所示的资产负债表省略形式介绍其结构及组成项目。

表10-1 资产负债表   会小企01表

编制单位：　　　　　　　　　　年　月　日　　　　　　　　　　单位：元

资　产	行次	期末余额	年初余额	负债和所有者权益	行次	期末余额	年初余额
流动资产：				流动负债：			
货币资金	1			短期借款	31		
短期投资	2			……	…		
应收票据	3			……	…		
……	…			流动负债合计	41		
……	…			非流动负债	37		
……	…			长期借款	42		
流动资产合计	15			……	…		
非流动资产				非流动负债合计	46		
长期债券投资	9			负债合计	47		
长期股权投资	10			所有者权益（或股东权益）			
……	…			实收资本（或股本）	48		
……	…			……	…		
……	…			……			
非流动资产合计	29			所有者权益（或股东权益）合计	52		
资产总计	30			负债和所有者权益（或股东权益）总计	53		

由表10-1可知：账户式资产负债表是左右结构，左方列示资产，右方列示负债和所有者权益。

左方大致按资产的流动性强弱排列，从流动性最强的"货币资金"到较强的"存货"排在前面，流动性相对较弱的"固定资产"、"无形资产"等排在后面。

右方为负债及所有者权益项目，大致按要求清偿时间的先后顺序排列，如"短期借款"之类的一年内需要偿还的流动负债就排在前面，"长期借款"之类的一年以上才需要偿还的非流动负债就排在中间，在企业清算前不需要偿还的所有者权益项目排在后面。

该表遵循"资产＝负债＋所有者权益"这一会计恒等式，反映企业在某一特定日期的财务状况。

> **小知识**：报告式资产负债表又称竖式资产负债表，自上而下列示各类项目，即上半部列示资产，下半部列示负债和所有者权益，其遵循的原理是"资产－负债＝所有者权益"。

三、利润表

（一）利润表的概念

利润表是指反映企业在一定会计期间的经营成果的报表。由于它反映的是一定会计期间的经营成果的报表，也就是一段时间的经营成果，所以，我们又称它为"动态报表"。该表通过收入、费用和利润及其相互的关系来反映企业在某一特定会计期间的经营成果。

（1）年度利润表，反映的是企业每年从1月1日起至12月31日止整个会计年度这一会计期间累计实现的经营成果。

（2）月份利润表，反映的是企业每个月第一天起至每月末最后一天止这一会计期间累计实现的经营成果。

> 从账户的角度看，利润表反映的是损益类账户在某一会计期间的发生额。体现会计上"权责发生制"的要求。

（二）利润表的作用

利润表的作用，主要体现在三个方面：

1. 反映企业一段时间的经营成果和获利能力

通过利润表，可以反映企业在一定期间的收入、费用、利润（或亏损）的金额和构成情况。

2. 反映企业的偿债能力

利润表本身并不提供偿债能力的信息，然而企业的偿债能力不仅取决于资产的流动性和资本结构，也取决于获利能力。

3. 可以帮助企业管理人员作出经营决策

通过利润表，企业管理人员可以比较和分析利润表中各种构成要素，可知悉各项收入、成本、费用与收益之间的消长趋势，发现各方面工作中存在的问题，揭露缺点，找出差距，开源节流，作出合理的经营决策。

（三）利润表的结构及组成项目

利润表的结构形式，国际上主要有多步式和单步式，我国小企业的利润表采用多步式结构。如表10-2所示介绍其结构及组成项目：

表 10-2 利润表　　　　　　　　　　　　　　　　　　会小企02表

编制单位：　　　　　　　　　　　___年___月　　　　　　　　　　　　　单位：元

项　　目	行　次	本年累计金额	本月金额
一、营业收入	1		
减：营业成本	2		
营业税金及附加	3		
销售费用	4		
管理费用	5		
财务费用	6		
加：投资收益（损失以"-"号填列）	7		
二、营业利润（亏损以"-"号填列）	8		
加：营业外收入	9		
减：营业外支出	10		
三、利润总额（亏损金额以"-"号填列）	11		
减：所得税费用	12		
四、净利润（净亏损以"-"号填列）	13		

由表10-2可知，多步式利润表遵循"收入－费用＝利润"这一会计恒等式的要求，把企业在某一特定会计期间完成的收入、发生的费用和实现的利润充分反映出来。按利润形成的主要环节列示中间性利润指标，逐步计算"营业利润"、"利润总额"和"净利润"。

营业收入－营业成本－营业税金及附加－销售费用－管理费用－财务费用±投资收益＝营业利润（亏损以"-"表示）

营业利润＋营业外收入－营业外支出＝利润总额（亏损以"-"表示）

利润总额－所得税费用＝净利润（亏损以"-"表示）

小知识：单步式利润表是将当期所有的收入列在一起，然后将所有的费用列在一起，两者相减得出当期净利润。

四、现金流量表

（一）现金流量表的概念

现金流量表，是指反映企业在一定会计期间现金流入和流出情况的报表。它是一张

"动态报表"，是在资产负债表和利润表反映了企业财务状况和经营成果信息的基础上，以现金收付实现制为编制基础来进一步提供企业现金流量信息的报表，是企业财务报表的重要组成。

现金流量表应当分别经营活动、投资活动和筹资活动列报现金流量。现金流量应当分别按照现金流入和现金流出总额列报。

（1）这里所说的现金是广义的现金，是指企业的库存现金以及可以随时用于支付的存款和其他货币资金。
（2）现金流量是指小企业与外部第三方之间发生的现金收付。

小企业从银行提取现金，构不构成现金流量？

（1）年度现金流量表，反映的就是企业每年从1月1日起至12月31日止整个会计年度这一会计期间累计发生的现金流量情况。

（2）月份现金流量表，反映的就是企业每个月第一天起至每月末最后一天止这一会计期间累计发生的现金流量情况。

（二）现金流量表的作用

现金流量表的作用，主要体现在三个方面：

（1）有助于评价企业支付能力、偿债能力和周转能力。

（2）有助于预测企业未来现金流量。

（3）有助于分析企业利润质量及影响现金净流量的因素。

（三）现金流量表的结构及组成项目

我国小企业现金流量表采用报告式结构，如表10-3所示：

表10-3 现金流量表　　　　　　　　　　　　　　　　会小企03表

编制单位：　　　　　　　　　　　　年　　月　　　　　　　　　　　单位：元

项　目	行　次	本年累计金额	本月金额
一、经营活动产生的现金流量：			
销售商品收到的现金	1		
收到的其他与经营活动有关的现金	2		
购买原材料、商品、接受劳务支付的现金	3		
支付的职工薪酬	4		
支付的税费	5		
支付其他与经营活动有关的现金	6		
经营活动产生的现金流量净值	7		
二、投资活动产生的现金流量：			

续表

项　目	行　次	本年累计金额	本月金额
收回投资收到的现金	8		
取得投资收益收到的现金	9		
处置固定资产、无形资产和其他长期资产收回的现金净值	10		
购建固定资产、无形资产和其他非流动资产支付的现金	11		
投资支付的现金	12		
投资活动产生的现金流量净值	13		
三、筹资活动产生的现金流量：			
借款收到的现金	14		
吸收投资收到的现金	15		
偿还借款本金支付的现金	16		
偿还借款利息支付的现金	17		
分配股利、利润支付的现金	18		
筹资活动产生的现金流量净额	19		
四、现金净值加额	20		
加：期初现金余额	21		
五、期末现金余额	22		

根据小企业日常经营活动的性质和现金流量的来源，现金流量表将小企业一定期间产生的现金流量分为三类：经营活动现金流量、投资活动现金流量和筹资活动现金流量。因为，现金流量表的项目主要有：经营活动产生的现金流量、投资活动产生的现金流量和筹资活动产生的现金流量、现金净增加额、期初现金余额和期末现金余额等项目。

需要说明的是，现金流量应当分别按照现金流入和现金流出总额列报，即是"收支两条线"原则，现金流量表中的三种活动涉及现金流量时，应分别以现金流入和现金支出列示，不得以相互抵消后的净额进行列示，以全面揭示小企业现金流量的方向、规模和结构。

小知识：小企业在处置固定资产、无形资产和其他长期资产所收到的现金，与处置活动支付的现金，两者在时间上比较接近，也密切相关，以净额更能准确反映处置活动对小企业现金流量的影响。因此，"处置固定资产、无形资产和其他非流动资产收回的现金净额"以净额进行反映。

五、财务报表附注

（一）财务报表附注的概念

财务报表附注是为了便于财务报表使用者理解会计报表的内容而对财务报表的编制

基础、编制依据、编制原则和方法及主要项目等所作的解释和说明。它是财务报表的重要组成部分。

(二) 财务报表附注的作用

财务报表,由于受固定格式和规定的限制,只能对外提供定量的财务信息,从而影响会计报表使用者对财务报表内容的理解。因此,企业除了编制和对外提供财务报表外,还应编制和对外提供财务报表附注。财务报表附注的作用主要体现在两个方面:

(1) 增进报表内容的可比性。

(2) 提高财务报表内容的可理解性。

(三) 财务报表附注的内容

小企业应当按照《小企业会计准则》规定披露附注信息,主要包括下列内容:

1. 遵循《小企业会计准则》的声明

小企业应当声明编制的财务报表符合小企业会计准则的邀请,真实、完整地反映了企业的财务状况、经营成果和现金流量等有关信息。

2. 短期投资、应收账款、存货、固定资产项目的说明

(1) 短期投资的披露格式如表 10-4 所示:

表 10-4　短期投资披露格式

项　目	期末账面余额	期末市价	期末账面余额与市价的差额
1. 股票			
2. 债券			
3. 基金			
4. 其他			
合　计			

(2) 应收账款按账龄结构披露的格式如表 10-5 所示:

表 10-5　应收账款按账龄结构披露格式

账龄结构	期末账面余额	年初账面余额
1 年以内 (含 1 年)		
1~2 年 (含 2 年)		
2~3 年 (含 3 年)		
3 年以上		
合　计		

(3) 存货的披露格式如表 10-6 所示:

表 10-6　存货的披露格式

存货结构	期末账面余额	期末市价	期末账面余额与市价的差额
1. 原材料			
2. 在产品			

续表

存货结构	期末账面余额	期末市价	期末账面余额与市价的差额
3. 库存产品			
4. 周转材料			
5. 消耗性生物资产			
……			
合　计			

（4）固定资产的披露格式如表10-7所示：

表 10-7　固定资产的披露格式

项　目	原　价	累计折旧	期末账面价值
1. 房屋、建筑物			
2. 机器			
3. 机械			
4. 运输工具			
5. 设备			
6. 器具			
7. 工具			
……			
合　计			

3. 应付职工薪酬、应交税费项目的说明

（1）应付职工薪酬的披露格式如表10-8所示：

表 10-8　应付职工薪酬明细表　　　　　　　会小企 01 表附表 1

编制单位：　　　　　　　　___年___月　　　　　　　　单位：元

项　目	期末账面余额	年初账面余额
1. 职工工资		
2. 奖金、津贴和补贴		
3. 职工福利费		
4. 社会保险费		
5. 住房公积金		
6. 公会经费		
7. 职工教育经费		
8. 非货币性福利		
9. 辞退福利		
10. 其他		
合　计		

（2）应交税费的披露格式如表10-9所示：

表 10-9　应交税费明细表　　　　　　　　　　　会小企 01 表附表 2

编制单位：　　　　　　　　　　___年___月　　　　　　　　　　单位：元

项　目	期末账面余额	年初账面余额
1. 增值税		
2. 消费税		
3. 营业税		
4. 城市维护建设税		
5. 企业所得税		
6. 资源税		
7. 土地增值税		
8. 城镇土地使用税		
9. 房产税		
10. 车船税		
11. 教育费附加		
12. 矿产资源补偿费		
13. 排污费		
14. 代扣代缴的个人所得税		
……		
合　计		

4. 利润分配的说明，如表 10-10 所示

表 10-10　利润分配表　　　　　　　　　　　会小企 01 表附表 3

编制单位：　　　　　　　　　　_____年度　　　　　　　　　　单位：元

项　目	行　次	本年金额	上年金额
一、净利润	1		
加：年初未分配利润	2		
其他转入	3		
二、可供分配的利润	4		
减：提取法定盈余公积	5		
提取任意盈余公积	6		
提取职工奖励及福利基金 *	7		
提取储备基金 *	8		
提取企业发展基金 *	9		
利润归还投资 **	10		
三、可供投资者分配的利润	11		
减：应付利润	12		
四、未分配利润	13		

　　注意：* 提取职工奖励及福利基金、提取储备基金、提取企业发展基金这三个项目仅适用于小企业（外商投资）按照相关法律规定提取的三项基金。

　　** 利润归还投资这个项目仅适用于小企业（中外合作经营）根据合同规定在合作期间归还投资者的投资。

　　1. 用于对外担保的资产名称、账面余额及形成的原因：未决诉讼、未决仲裁以及对外提供担保所涉及的金额。

　　2. 发生严重亏损的，应当披露持续经营的计划、未来经营的方案。

　　3. 对已在资产债表和利润表中列示项目与企业所得税法规定存在差异的纳税调整过程。

　　4. 参见《中华人民共和国企业所得税年度纳税申报表》。

　　5. 其他需要说明的事项。

第二部分　财务会计报告业务实施

迦南有限责任公司为增值税一般纳税人企业，适用的增值税税率为17%，所得税税率25%，是符合我国《中小企业划型标准规定》所规定的小型企业标准的企业，因此本企业采用了《小企业会计准则》，且存货采用实际成本法核算。

业务一　资产负债表

任务描述

迦南有限责任公司2014年12月31日编制资产负债表的有关资料如下：

资料1：迦南有限责任公司2013年资产负债表（简表），如表10-11所示：

表10-11　资产负债表（简表）　　　　　　　　　　会小企01表

编制单位：　　　　　　2013年12月31日　　　　　　　　　　单位：元

资产	行次	期末余额	年初余额	负债和所有者权益	行次	期末余额	年初余额
流动资产：				流动负债：			
货币资金	1	500000		短期借款	31	400000	
短期投资	2	25000		应付票据	32	0	
应收票据	3	38095		应付账款	33	287000	
应收账款	4	287900		预收账款	34	56000	
预付账款	5	87890		应付职工薪酬	35	43982	
应收股利	6	100800		应交税费	36	8510	
应收利息	7	8900		应付利息	37	10870	
其他应收款	8	24300		应付利润	38	30000	
存货	9	289700		其他应付款	39	45678	
其中：原材料	10			其他流动负债	40		
在产品	11		略	流动负债合计	41	882040	略
库存商品	12			非流动负债			
周转材料	13			长期借款	42	980000	
其他流动资产	14	200000		长期应付款	43	57395	
流动资产合计	15	1562585		递延收益	44		
非流动资产				其他非流动负债	45		
长期债券投资	16	80000		非流动负债合计	46	1037395	
长期股权投资	17	185000		负债合计	47	1919435	
固定资产原价	18	2300000					
减：累计折扣	19	300000					
固定资产账面价值	20	2000000					
在建工程	21	20000					

续表

资产	行次	期末余额	年初余额	负债和所有者权益	行次	期末余额	年初余额
工程物资	22	30850					
固定资产清理	23						
生产性生物资产	24			所有者权益（或股东权益）			
无形资产	25	80000		实收资本（或股本）	48	1000000	
开发支出	26		略	资本公积	49	450000	略
长期待摊费用	27	60000		盈余公积	50	459000	
其他非流动资产	28			未分配利润	51	190000	
非流动资产合计	29	1455850		所有者权益（或股东权益）合计	52	2099000	
资产总计	30	4018435		负债和所有者权益（或股东权益）总计	53	4018435	

资料 2：迦南有限责任公司 2014 年 12 月 31 日总分类账户期末余额表，如表 10-12 所示：

表 10-12　迦南有限责任公司总分类账户期末余额表

单位：元

账　户	借方余额	账　户	贷方余额
库存现金	1500	短期借款	500000
银行存款	622972	应付票据	32980
其他货币资金	152000	应付账款	250000
短期投资	38016	预收账款	130900（借）
应收票据	54000	应付职工薪酬	45214
应收账款	170000	应交税费	115649
预付账款	44933（贷）	应付利息	0
应收利息	16500	应付利润	150000
应收股利	120030	其他应付款	185008
其他应收款	42324	长期借款	1105405
在途物资	50000	长期应付款	200000
原材料	199000	实收资本	1000000
周转材料	57397	资本公积	540000
库存商品	180000	盈余公积	489000
生产成本	200000	利润分配——未分配利润	390000
长期债券投资	380000		
长期股权投资	385000		
固定资产	2590000		
累计折旧	500000（贷）		
固定资产清理	10000（贷）		
在建工程	51050		
工程物资	0		
无形资产	120000		
累计摊销	50000（贷）		

续表

账 户	借方余额	账 户	贷方余额
长期待摊费用	47500		
合计	5608189	合 计	5608189

资料3：迦南有限责任公司2014年12月31日有关明细账户期末余额表，如表10-13所示：

表10-13 有关明细账户期末

单位：元

账户	借或贷	金额	账户	借或贷	金额
应收账款	借	170000	应付账款	贷	250000
——A公司	贷	50000	——丙公司	贷	310000
——B公司	借	220000	——丁公司	借	60000
预付账款	贷	44933	预收账款	借	130900
——甲公司	借	160000	——C公司	贷	20000
——乙公司	贷	204933	——D公司	借	150900

资料4：其他有关资料如下：

（1）超过一年以上的预付账款有30000元。

（2）一年以内到期的长期待摊费用17000元。

（3）一年以内到期的长期借款100000元。

请根据以上资料编制资产负债表，如表10-14所示：

表10-14 资产负债表

会小企01表

编制单位： ＿＿＿年＿＿月＿＿日   单位：元

资 产	行次	期末余额	年初余额	负债和所有者权益	行次	期末余额	年初余额
流动资产：				流动负债：			
货币资金	1			短期借款	31		
短期投资	2			应付票据	32		
应收票据	3			应付账款	33		
应收账款	4			预收账款	34		
预付账款	5			应付职工薪酬	35		
应收股利	6			应交税费	36		
应收利息	7			应付利息	37		
其他应收款	8			应付利润	38		
存货	9			其他应付款	39		
其中：原材料	10			其他流动负债	40		
在产品	11			流动负债合计	41		
库存商品	12			非流动负债			

续表

资　产	行次	期末余额	年初余额	负债和所有者权益	行次	期末余额	年初余额
周转材料	13			长期借款	42		
其他流动资产	14			长期应付款	43		
流动资产合计	15			递延收益	44		
非流动资产				其他非流动负债	45		
长期债券投资	16			非流动负债合计	46		
长期股权投资	17			负债合计	47		
固定资产原价	18						
减：累计折扣	19						
固定资产账面价值	20						
在建工程	21						
工程物资	22						
固定资产清理	23						
生产性生物资产	24			所有者权益（或股东权益）			
无形资产	25			实收资本（或股本）	48		
开发支出	26			资本公积	49		
长期待摊费用	27			盈余公积	50		
其他非流动资产	28			未分配利润	51		
非流动资产合计	29			所有者权益（或股东权益）合计	52		
资产总计	30			负债和所有者权益（或股东权益）总计	53		

任务1　填列资产负债表的表首

任务实施

资产负债表表首的填制内容（见表10-15）：

（1）报表名称：资产负债表。

（2）编制单位：迦南有限责任公司。

（3）编制日期：2014年12月31日。

（4）报表编号：会小企01表。

（5）计量单位：元。

任务2　编制资产负债表的正表

任务实施

资产负债表中一般设有"期末余额"和"年初余额"两栏，其中"年初余额"栏内各项数字，应根据上年末资产负债表的"期末余额"栏内所列数字填列（见表10-15）。

步骤1：根据迦南公司2013年12月31日的资产负债表"期末余额"栏内所列数字

填列"期初余额",如表 10-15 所示。

步骤 2:填列"期末余额",如表 10-15 所示。

第一类:根据总账期末余额直接填列。

根据任务描述,完成以下空白处:

资产:

短期投资项目(行 2)="短期借款"账户期末余额=38016(元)

应收票据项目(行 3)="应收票据"账户期末余额=

应收股利项目(行 6)="应收股利"账户期末余额=

应收利息项目(行 7)="应收利息"账户期末余额=

其他应收款项目(行 8)="其他应收款"账户期末余额=

长期股权投资项目(行 17)="长期股权投资"账户期末余额=

固定资产原价项目(行 18)="固定资产原价"账户期末余额=

累计折旧项目(行 19)="累计折旧"账户期末余额=

在建工程项目(行 21)="在建工程"账户期末余额=

工程物资项目(行 22)="工程物资"账户期末余额=0 元

固定资产清理项目(行 23)="固定资产清理"账户期末余额=

负债:

短期借款项目(行 31)="短期借款"账户期末余额=500000(元)

应付票据项目(行 32)="应付票据"账户期末余额=

应付职工薪酬项目(行 35)="应付职工薪酬"账户期末余额=

应交税费项目(行 36)="应交税费"账户期末余额=

应付利息项目(行 37)="应付利息"账户期末余额=0 元

应付利润项目(行 38)="应付利润"账户期末余额=

其他应付款项目(行 39)="其他应付款"账户期末余额=

所有者权益:

实收资本项目(行 48)="实收资本"账户期末余额=

资本公积项目(行 49)="资本公积"账户期末余额=

盈余公积项目(行 50)="盈余公积"账户期末余额=

①"固定资产清理"账户若为贷方余额,以"-"号填列。

②"应交税费"账户若为借方余额,以"-"号填列。

第二类：根据若干总账期末余额计算填列。

资产：

货币资金项目（行1）="库存现金"账户期末余额+"银行存款"账户期末余额+"其他货币资金"账户期末余额

货币资金项目（行1）= 1500 + 622972 + 152000 = 776472（元）

存货项目（行9）
$$\begin{cases} 在途："在途物资"、"材料采购"、"发出商品"等账户期末借方余额 \\ + \\ 在库："原材料"、"周转材料"、"库存商品"等账户期末借方余额 \\ + \\ 在加工中的："生产成本"、"委托加工物资"等账户期末借方余额 \\ \pm \\ 差异："材料成本差异"、"商品进销差价"账户期末余额 \end{cases}$$

 动动手

根据任务描述，完成以下空白处：

存货项目（行9）=

 小提示

① 企业存货若采用实际成本法计价无须考虑差异；若采用计划成本核算就需要考虑差异。

② "材料成本差异"、"商品进销差价"账户期末余额，可根据余额方向，借加贷减。

所有者权益：

未分配利润项目（行51）
$$\begin{cases} 1\sim11月："本年利润"账户和"利润分配"账户的余额计算填列 \\ \\ 12月，年终结转后：根据"利润分配——未分配利润"账户余额直接填列 \end{cases}$$

未分配利润项目（行51）= 390000（元）

（1）1~11月，未分配利润项目填列的计算方法。

未分配利润＝本年利润＋利润分配

$$\begin{cases} 加：以前年度累计实现的未利润 \\ 减：以前年度累计发生的未亏损 \end{cases}$$

若本年实现净利润，则本年利润为正；若本年发生净亏损，则本年利润为负。

（2）企业未能弥补亏损以"–"填列"未分配利润"。

第三类：根据总账期末余额和明细账期末余额分析计算填列。

资产：

长期债券投资项目（行16）＝"长期债券投资"账户期末借方余额－"一年内到期的长期债券投资"＝380000－0＝380000（元）

长期待摊费用项目（行27）＝"长期待摊费用"账户期末借方余额－"一年内摊销的长期待摊费用"＝47500－17000＝30500（元）

根据任务描述，完成以下空白处：

长期借款项目（行42）＝"长期借款"账户期末贷方余额－"一年内到期的金额"＝

长期应付款项目（行43）＝"长期应付款"账户期末贷方余额－"一年内到期的金额"＝

$\left. \begin{array}{l} "一年内到期的长期债券投资" \\ "一年内摊销的长期待摊费用" \end{array} \right\}$ 列"其他流动资产"

"一年内到期的金额"——列"其他流动负债"

第四类：根据有关科目余额减去其备抵科目余额后的净额填列。

资产：

无形资产项目（行25）＝"无形资产"账户期末借方余额－"累计摊销"账户期末贷方余额＝120000－50000＝70000（元）

第五类：根据有关明细账户分析计算填列。

资产：

应收账款项目（行4）＝"应收账款"有关的明细账户借方余额合计＋"预收账款"

有关的明细账户借方余额合计 = 220000 + 150900 = 370900（元）

预付账款项目（行 5）= "预付账款"有关的明细账户借方余额合计 + "应付账款"有关的明细账户借方余额合计 – 超过一年期以上的预付账款 = 160000 + 60000 – 30000 = 190000（元）

超过一年期以上的"预付账款"应列在"其他非流动资产"。

 动动手

根据任务描述，完成以下空白处：

应付账款项目（行 33）= "应付账款"有关的明细账户贷方余额合计 + "预付账款"有关的明细账户贷方余额合计 =

预收账款项目（行 34）= "预收账款"有关的明细账户贷方余额合计 + "应收账款"有关的明细账户贷方余额合计 – 超过一年期以上的预收账款 =

超过一年期以上的"预收账款"应列在哪？

第六类：根据有关项目的计算填列。

固定资产账面价值项目（行 20）= "固定资产原价"项目 – "累计折旧"项目
= 2590000 – 500000 = 2090000（元）

 动动手

根据任务描述，完成以下空白处：

"流动资产合计"项目、"非流动资产合计"项目、"流动负债合计"项目、"非流动负债合计"项目、"所有者权益（或股东权益）合计"项目，这 5 个项目应根据表中相关项目合计额填列。其中：

①资产总计项目（行 30）= "流动资产合计"项目 + "非流动资产合计"项目 =

②负债合计项目（行 47）= "流动负债合计"项目 + "非流动负债合计"项目 =

③负债和所有者权益项目（行53）="负债合计"项目+"所有者权益（或股东权益）合计"项目=

"流动资产"、"非流动资产"、"流动负债"、"非流动负债"、"所有者权益（或股东权益）"这五个项目不得填列金额。

请将表10-15所示资产负债表编写完整：

表10-15 资产负债表

会小企01表

编制单位：迦南有限责任公司　　2014年12月31日　　单位：元

资产	行次	期末余额	年初余额	负债和所有者权益	行次	期末余额	年初余额
流动资产：				流动负债：			
货币资金	1	776472	500000	短期借款	31	500000	400000
短期投资	2	38016	25000	应付票据	32		0
应收票据	3		38095	应付账款	33		287000
应收账款	4	370900	287900	预收账款	34		56000
预付账款	5	190000	87890	应付职工薪酬	35		43982
应收股利	6		100800	应交税费	36		8510
应收利息	7		8900	应付利息	37	0	10870
其他应收款	8		24300	应付利润	38		30000
存货	9		289700	其他应付款	39		45678
其中：原材料	10			其他流动负债	40		
在产品	11			流动负债合计	41		882040
库存商品	12			非流动负债			
周转材料	13			长期借款	42		980000
其他流动资产	14		200000	长期应付款	43		57395
流动资产合计	15		1562585	递延收益	44		
非流动资产				其他非流动负债	45		
长期债券投资	16	380000	80000	非流动负债合计	46		1037395
长期股权投资	17	385000	185000	负债合计	47		1919435
固定资产原价	18		2300000				
减：累计折扣	19		300000				
固定资产账面价值	20	2090000	2000000				
在建工程	21		20000				
工程物资	22	0	30850				
固定资产清理	23						
生产性生物资产	24			所有者权益（或股东权益）			
无形资产	25	70000	80000	实收资本（或股本）	48		1000000
开发支出	26			资本公积	49		450000

·207·

续表

资产	行次	期末余额	年初余额	负债和所有者权益	行次	期末余额	年初余额
长期待摊费用	27		60000	盈余公积	50		459000
其他非流动资产	28	30000		未分配利润	51	390000	190000
非流动资产合计	29		1455850	所有者权益（或股东权益）合计	52		2099000
资产总计	30		4018435	负债和所有者权益（或股东权益）总计	53		4018435

小知识：资产负债表中相关项目所反映的交易和事项，小企业没有发生的，项目金额空置；若本年该项目所反映的交易或事项当期已经发生但余额为0，项目金额以"0"填列。

业务二 利润表

任务描述

迦南有限责任公司2014年编制利润表的有关资料如下：

资料1：迦南有限责任公司2013年利润表（简表），如表10-16所示：

表10-16　利润表（简表）　　　　　　　　　　会小企02表

编制单位：迦南有限责任公司　　　　2013年　　　　　　单位：元

项　目	行　次	本年累计金额	上年金额
一、营业收入	1	3450000	
减：营业成本	2	2200000	
营业税金及附加	3	308097	
其中：消费税	4		
营业税	5		
城市维护建设费	6		
资源税	7		
土地增值税	8		
城镇土地使用税、房产税、车船税、印花税	9		略
教育费附加、矿产资源补偿费、排污费	10		
销售费用	11	298000	
其中：商品维修费	12		
广告费和业务宣传费	13		
管理费用	14	408000	
其中：开办费	15		
业务招待费	16		
研究费用	17		
财务费用	18	110054	

续表

项 目	行 次	本年累计金额	上年金额
其中：利息费用（收入以"-"号填列）	19		
加：投资收益（损失以"-"号填列）	20	230004	
二、营业利润（亏损以"-"号填列）	21	355853	
加：营业外收入	22	50000	
其中：政府补助	23		
减：营业外支出	24	36853	略
其中：坏账损失	25		
无法收回的长期债券投资损失	26		
无法收回的长期股权投资损失	27		
自然灾害等不可抗力因素造成的损失	28		
税收滞纳金	29		
三、利润总额（亏损金额以"-"号填列）	30	369000	
减：所得税费用	31	92250	
四、净利润（净亏损以"-"号填列）	32	276750	

资料2：迦南有限责任公司2014年损益类账户结转"本年利润"账户前余额汇总表如表10-17所示：

表10-17 迦南有限责任公司损益类账户结转"本年利润"账户前余额汇总表

2014年　　　　　　　　　　　　　　　　　　　　　　　　　单位：元

损益类账户	结转"本年利润"账户前余额
主营业务收入	4583310（贷）
主营业务成本	2675786（借）
其他业务收入	897680（贷）
其他业务成本	499970（借）
营业税金及附加	410550（借）
销售费用	305660（借）
管理费用	528000（借）
财务费用	139080（借）
投资收益	108000（贷）
营业外收入	13056（贷）
营业外支出	43000（借）
所得税费用	250000（借）

请根据以上资料编制利润表，如表10-18所示：

表 10-18　利润表

会小企 02 表

编制单位：　　　　　　　　　　　　　　　　　　年　　　　　　　　　　　　　　　　　单位：元

项　　目	行　次	本年累计金额	上年金额
一、营业收入	1		
减：营业成本	2		
营业税金及附加	3		
其中：消费税	4		
营业税	5		
城市维护建设费	6		
资源税	7		
土地增值税	8		
城镇土地使用税、房产税、车船税、印花税	9		
教育费附加、矿产资源补偿费、排污费	10		
销售费用	11		
其中：商品维修费	12		
广告费和业务宣传费	13		
管理费用	14		
其中：开办费	15		
业务招待费	16		
研究费用	17		
财务费用	18		
其中：利息费用（收入以"-"号填列）	19		
加：投资收益（损失以"-"号填列）	20		
二、营业利润（亏损以"-"号填列）	21		
加：营业外收入	22		
其中：政府补助	23		
减：营业外支出	24		
其中：坏账损失	25		
无法收回的长期债券投资损失	26		
无法收回的长期股权投资损失	27		
自然灾害等不可抗力因素造成的损失	28		
税收滞纳金	29		
三、利润总额（亏损金额以"-"号填列）	30		
减：所得税费用	31		
四、净利润（净亏损以"-"号填列）	32		

小知识：

①本表"本年累计金额"栏反映各项目自年初起至报告期末止的累计实际发生额。

②本表"本月金额"栏反映各项目的本月实际发生额；在编报年度财务报表时，应将"本月金额"栏改为"上年金额"栏，填列上年全年实际发生额。

 **任务1 填列利润表的表首**

任务实施

利润表表首的填制内容（见表10-19）：

（1）报表名称：利润表。

（2）编制单位：迦南有限责任公司。

（3）编制日期：2014年。

（4）报表编号：会小企02表。

（5）计量单位：元。

 **任务2 编制利润表的正表**

由于本例题填制的是2014年利润表的年报表，因此利润表中设有"本年累计金额"和"上年金额"两栏。

任务实施

步骤1：根据迦南公司2013年利润表的"本年累计金额"栏内所列数字，填列"上年金额"，如表10-19所示：

表10-19 利润表　　　　　　　　　　　　　　　会小企02表

编制单位：迦南有限责任公司　　　　2014年　　　　　　　　　单位：元

项　目	行　次	本年累计金额	上年金额
一、营业收入	1	5480990	3450000
减：营业成本	2		2200000
营业税金及附加	3		308097
其中：消费税	4		
营业税	5		
城市维护建设费	6		
资源税	7		
土地增值税	8		
城镇土地使用税、房产税、车船税、印花税	9		
教育费附加、矿产资源补偿费、排污费	10		
销售费用	11		298000
其中：商品维修费	12		
广告费和业务宣传费	13		
管理费用	14		408000
其中：开办费	15		
业务招待费	16		
研究费用	17		

续表

项　目	行　次	本年累计金额	上年金额
财务费用	18		110054
其中：利息费用（收入以"-"号填列）	19		
加：投资收益（损失以"-"号填列）	20		230004
二、营业利润（亏损以"-"号填列）	21		355853
加：营业外收入	22		50000
其中：政府补助	23		
减：营业外支出	24		36853
其中：坏账损失	25		
无法收回的长期债券投资损失	26		
无法收回的长期股权投资损失	27		
自然灾害等不可抗力因素造成的损失	28		
税收滞纳金	29		
三、利润总额（亏损金额以"-"号填列）	30		369000
减：所得税费用	31		92250
四、净利润（净亏损以"-"号填列）	32		276750

步骤2：填列"本年累计金额"，可按如下三步来编报：

（1）计算出营业利润：

根据任务描述，完成以下空白处：

营业收入项目（行1）= 4583310 + 897680 = 5480990（元）

营业成本项目（行2）=

营业税金及附加项目（行3）=

销售费用项目（行11）=

管理费用项目（行14）=

财务费用项目（行18）=

投资收益项目（行20）=

营业利润项目（行21）=

若是投资损失，"投资收益"以"-"号填列。

（2）计算出利润总额：

根据任务描述,完成以下空白处:
营业外收入项目(行22)=
营业外支出项目(行24)=
利润总额项目(行30)=

(3)计算出净利润:

根据任务描述,完成以下空白处:
所得税费用项目(行31)=
净利润项目(行32)=

若利润计算的结果为亏损,则以"-"号填列。

参考文献

［1］中华人民共和国财政部：《小企业会计准则 2011》，北京：经济科学出版社，2011 年版。

［2］财政部会计司编写组：《小企业会计准则释义（2011）》，北京：中国财政经济出版社，2011 年版。

［3］程运木：《企业财务会计》，北京：中国财政经济出版社，2012 年版。